How To Draw All The Things For Kids

A Fun and Simple Drawing Book to Inspire Your Kids' Artistic Creativity
Families Will Love

LILLIAN GARDA

Copyright © 2020

All rights reserved.

Introduction

If you and your kids are beginners in drawing, this book "How To Draw All The Things" are all you need:

- 65 cool lessons that including your family's members, people, animals, plants, flowers, unicorn, pokemon, vehicles and more.
- Cute, fun, lively and simple images that inspire your kids' artistic creativity.
- A perfect book for kids and young artists who begin to draw.
- A perfect gift for all kids in all occasions.
- Six easy-to-follow steps in drawing that can be done within 10 minutes or less.
- This book can also be used as a coloring book.

Content

Family's members and people

Food, vegetables and fruits

Animals

Vehicles

Fantasy characters

Trees and Flowers

Household appliances, school items and others.

Baby

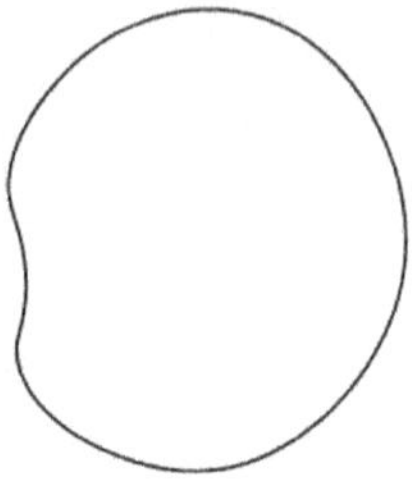

1

2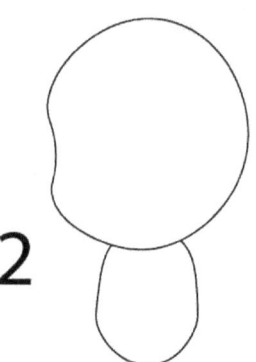

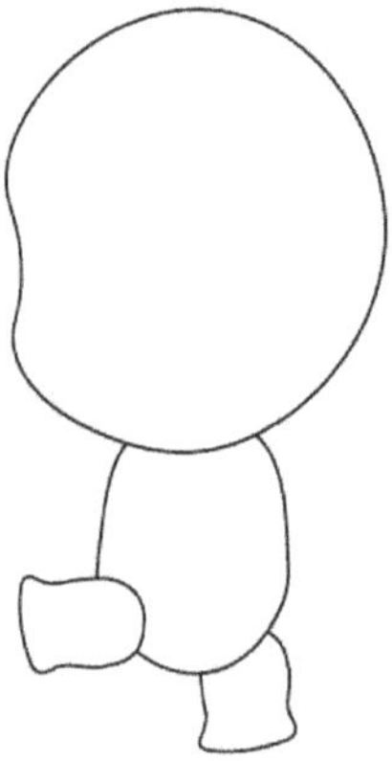

3

4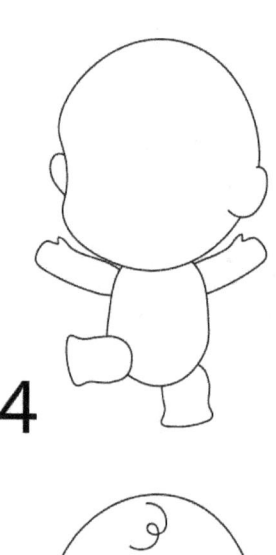

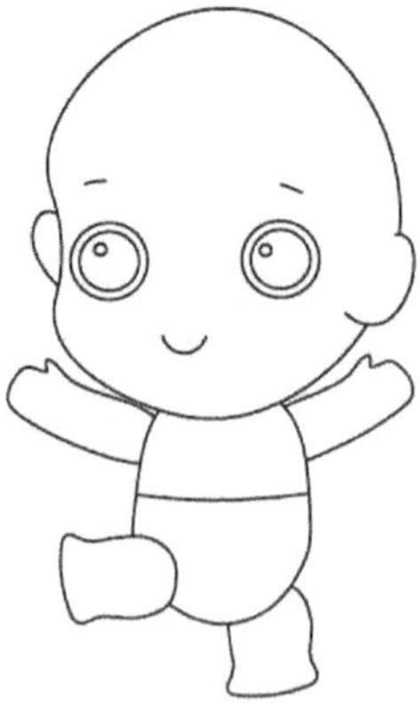

5

6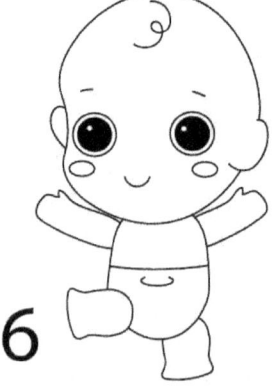

Your turn to draw

Father

1
2
3
4
5
6

Your turn to draw

Mother

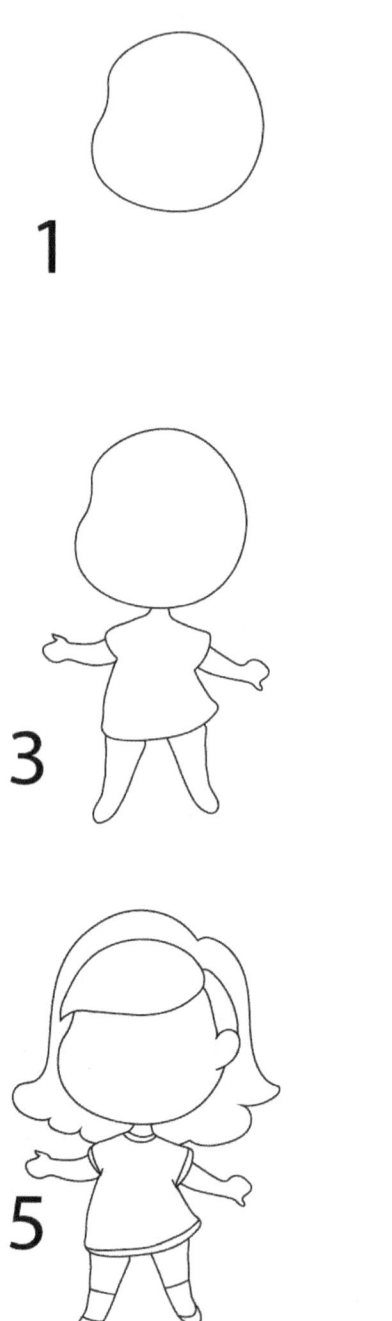
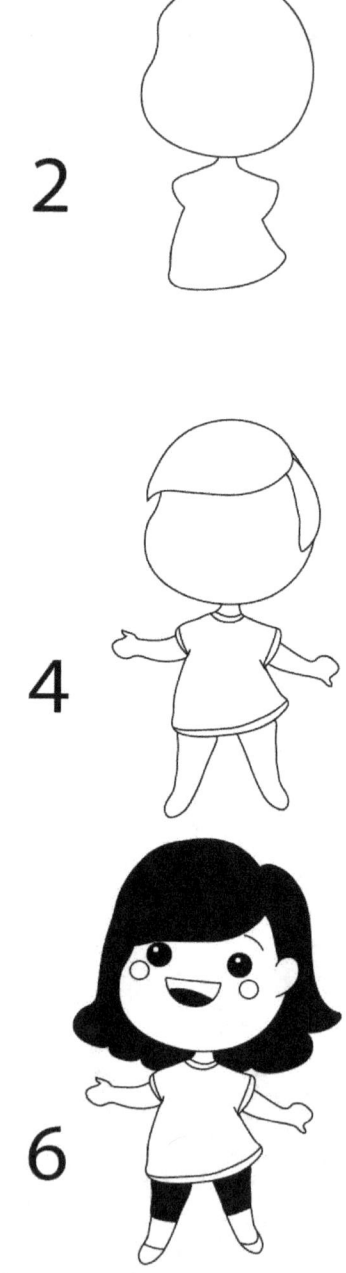

1 2 3 4 5 6

Your turn to draw

Grandfather

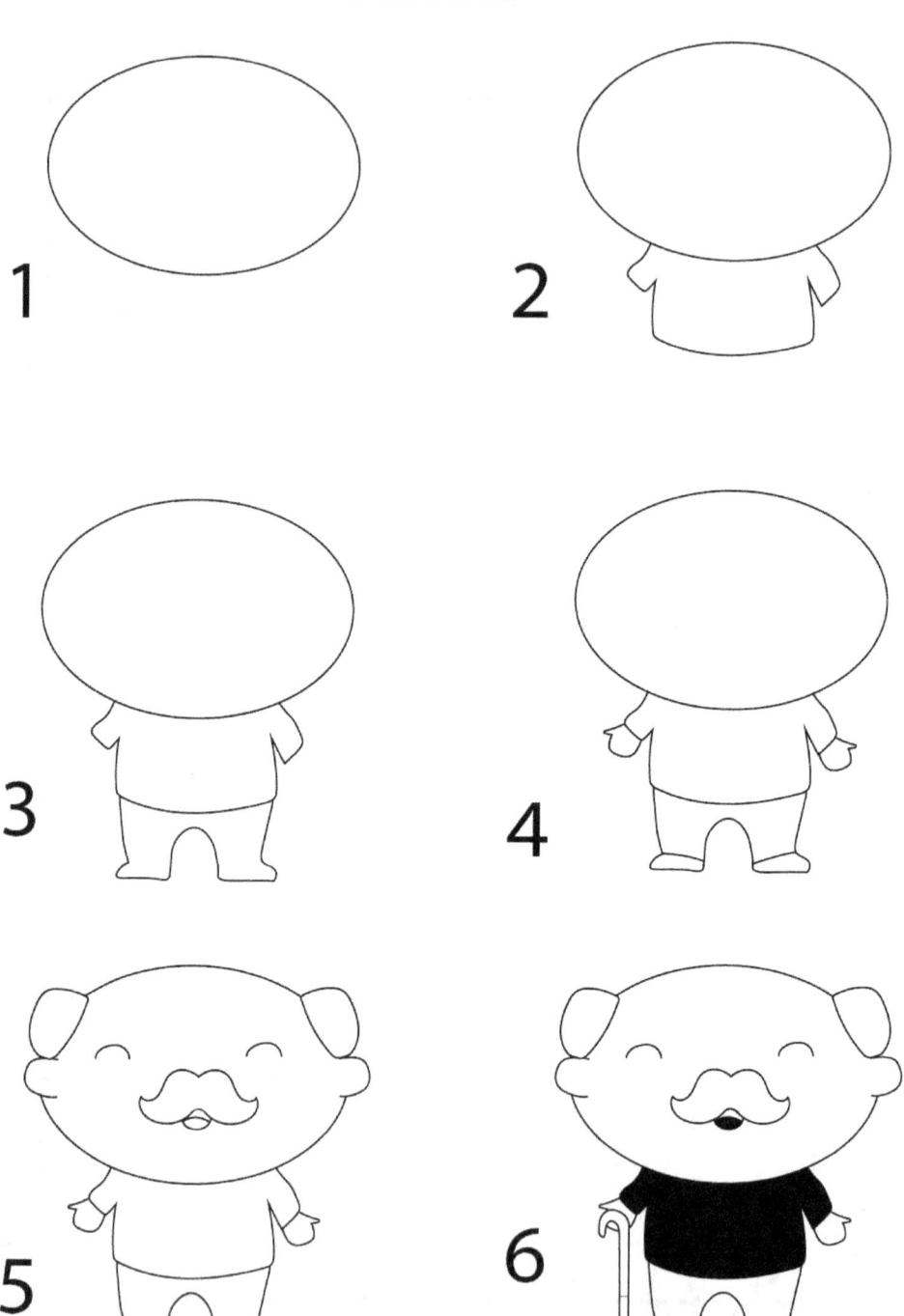

Your turn to draw

Grandmother

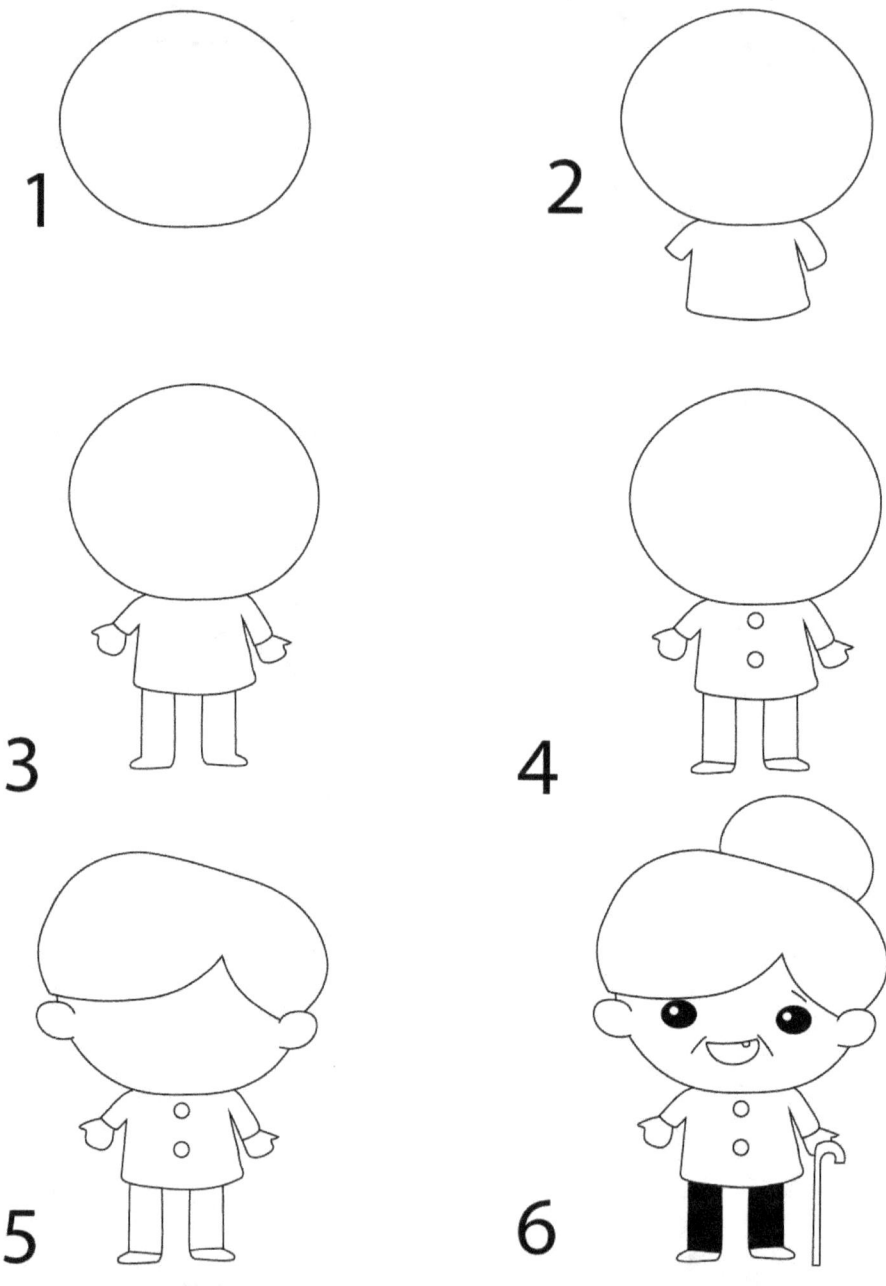

Your turn to draw

Police man

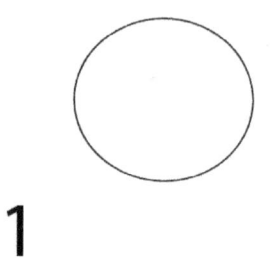

1

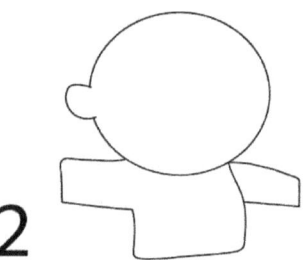

2

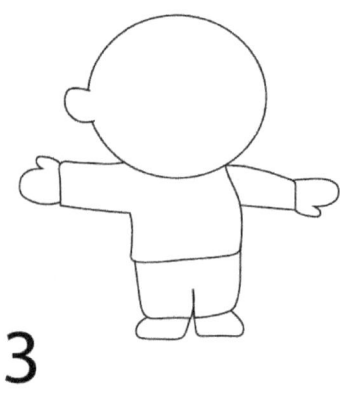

3

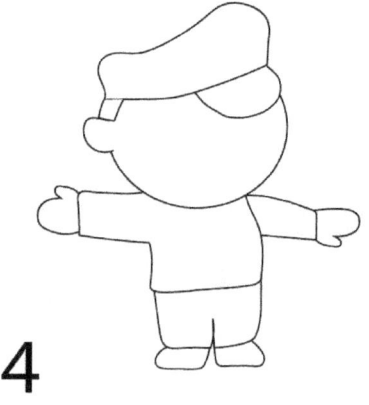

4

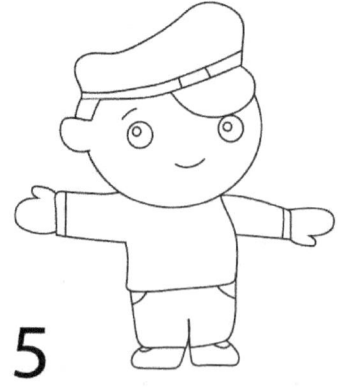

5

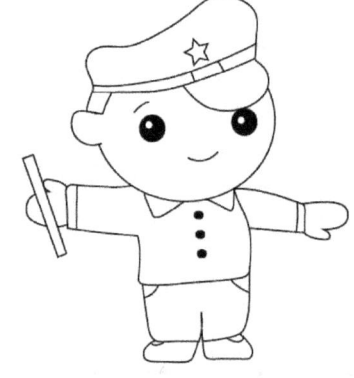

6

Your turn to draw

Princess

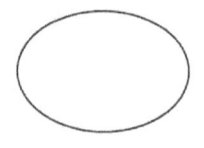
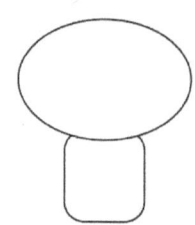

1
2

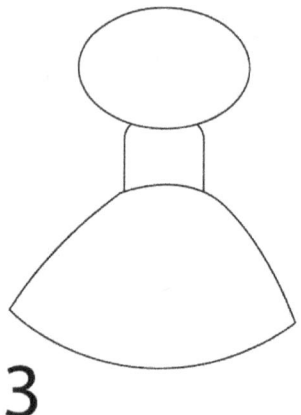
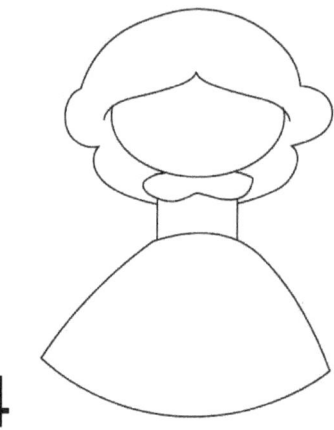

3
4

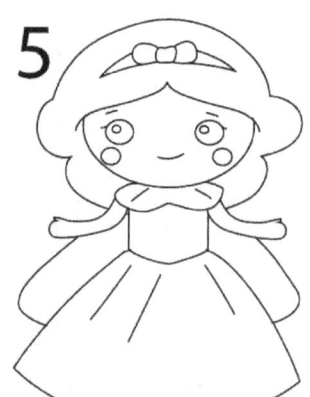
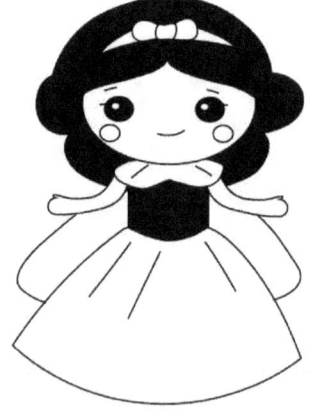

5
6

Your turn to draw

Ice cream

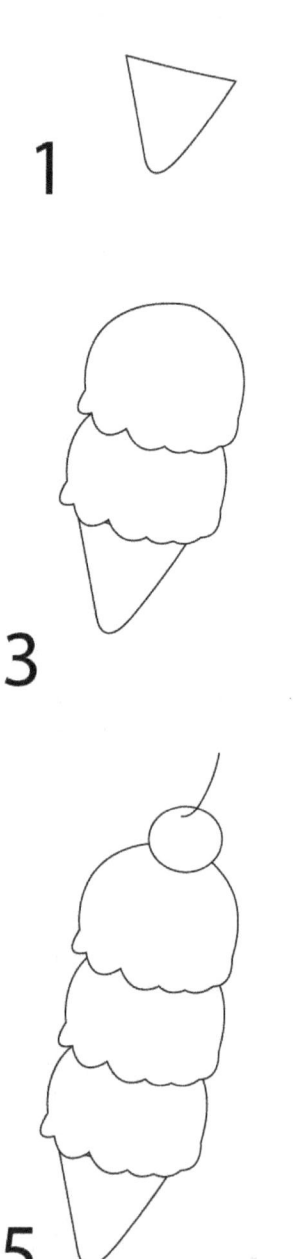
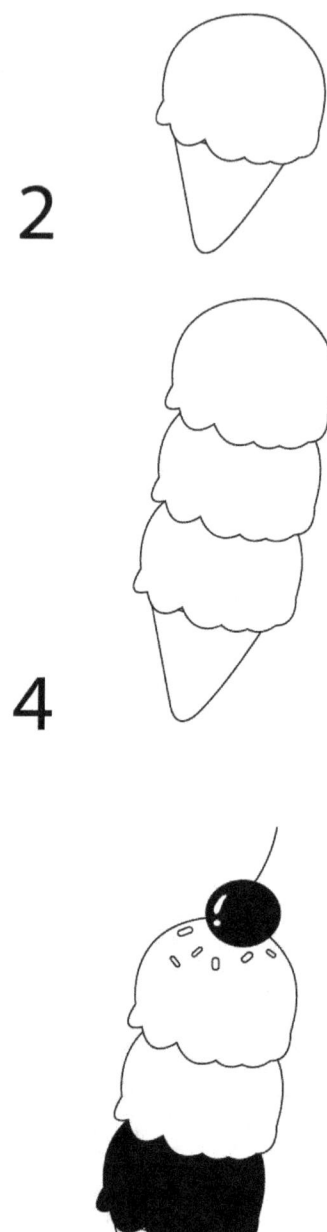

Your turn to draw

Birthday cake

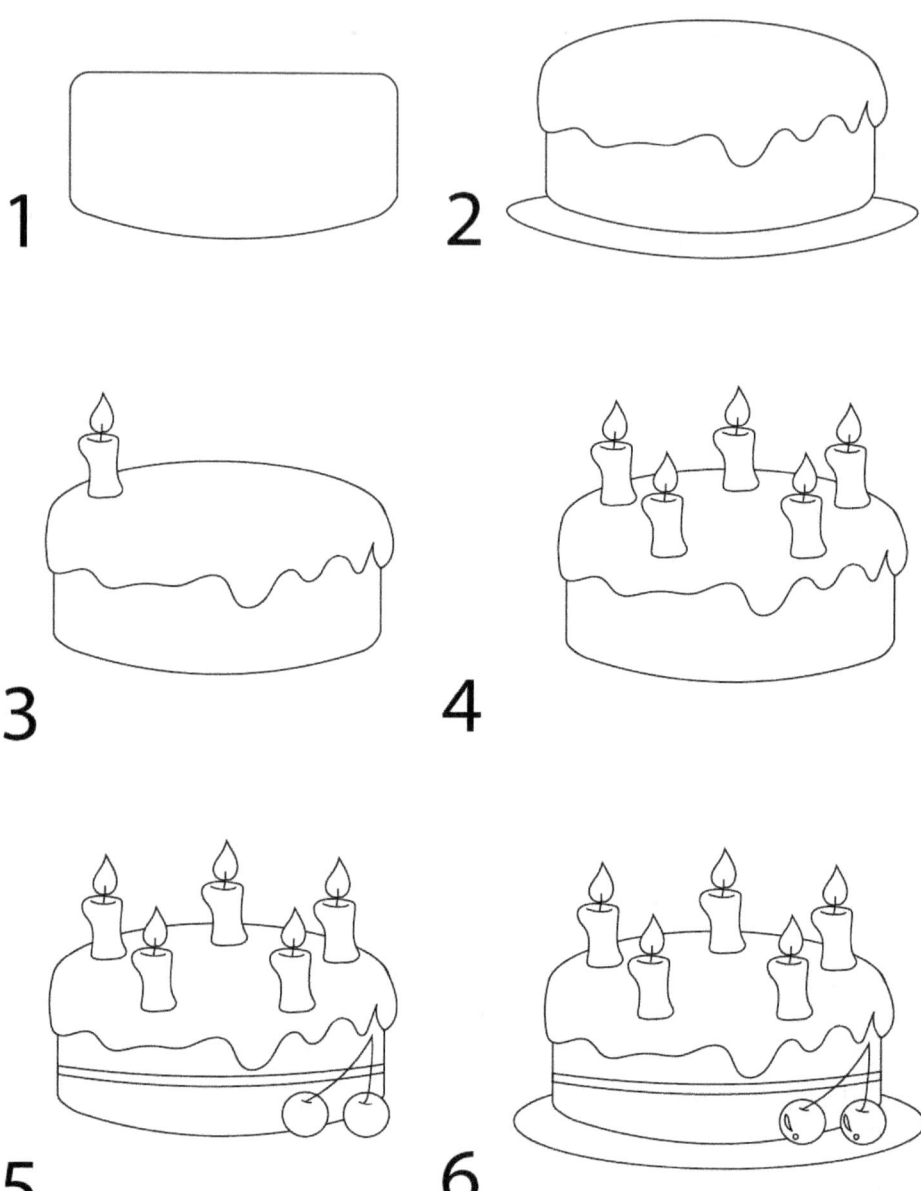

Your turn to draw

Watermelon

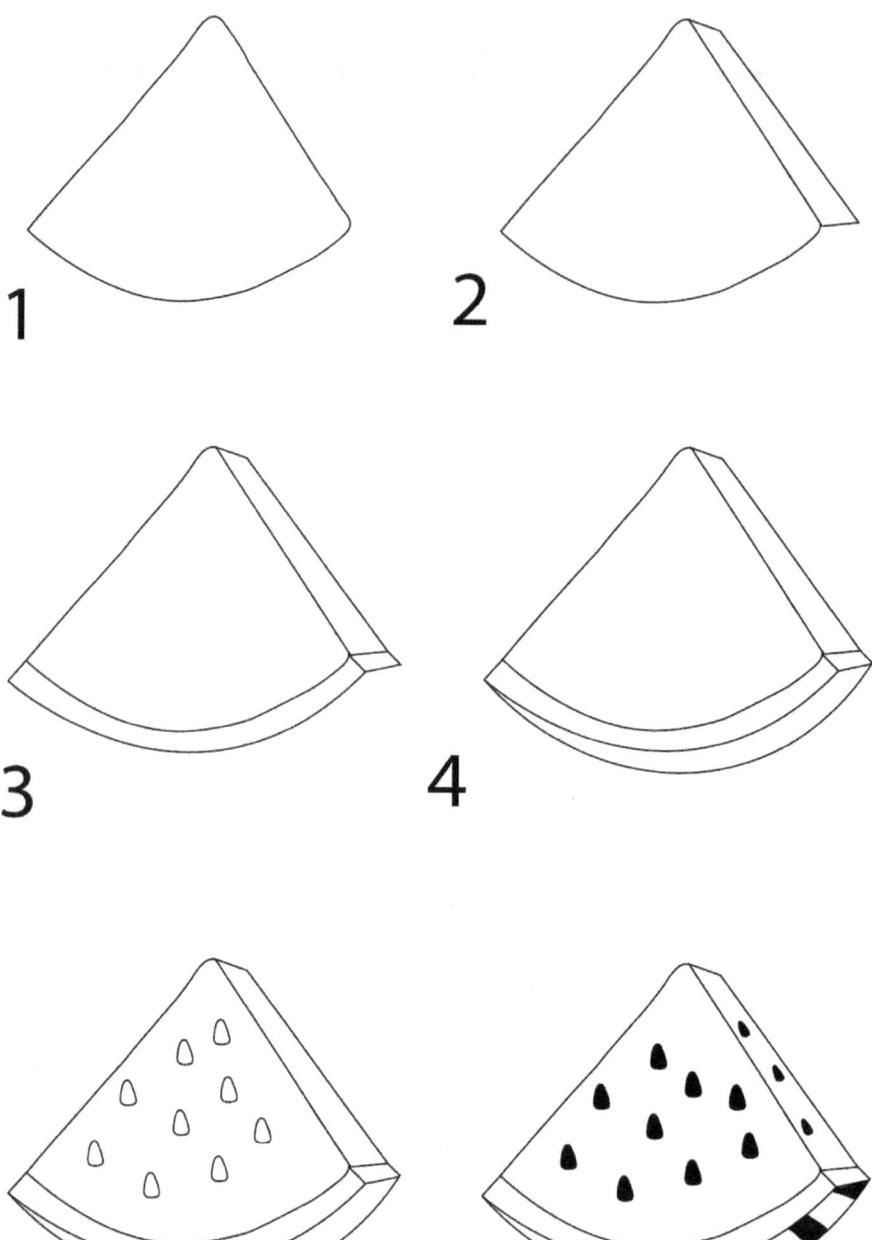

Your turn to draw

Kiwi

1
2
3
4
5
6

Your turn to draw

Carrot

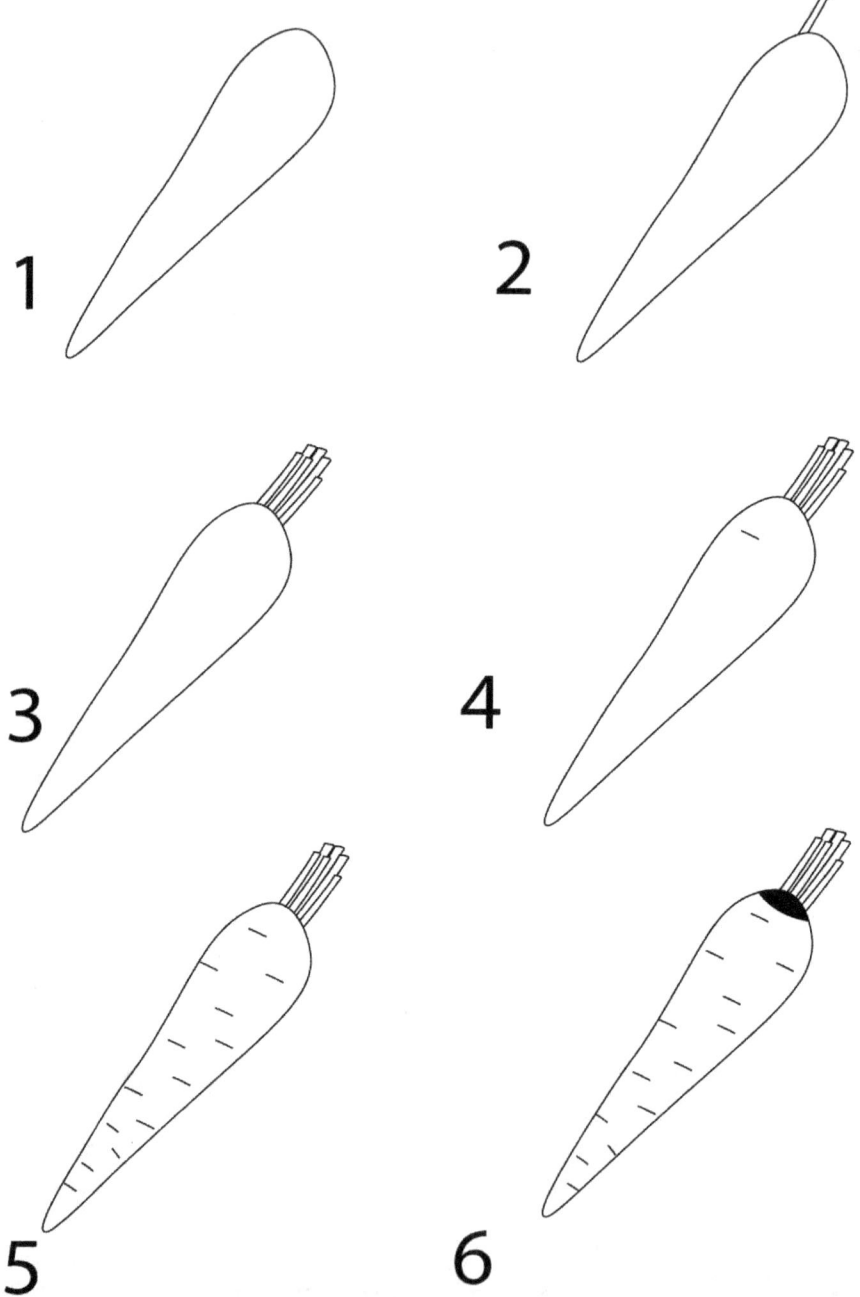

Your turn to draw

Pineapple

Your turn to draw

Zebra

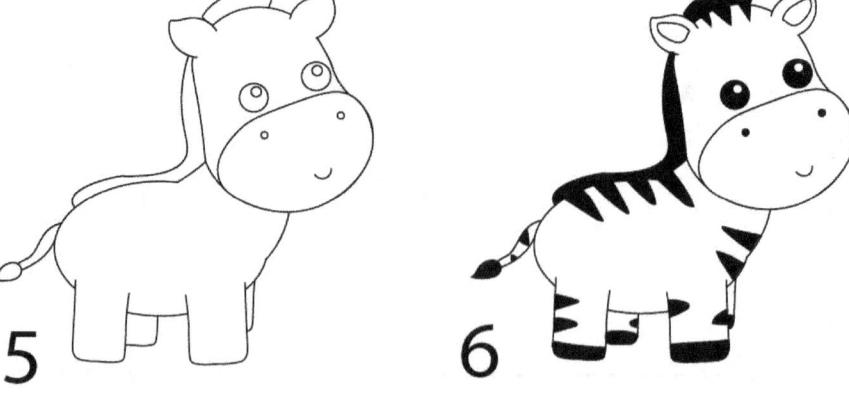

Your turn to draw

Cow

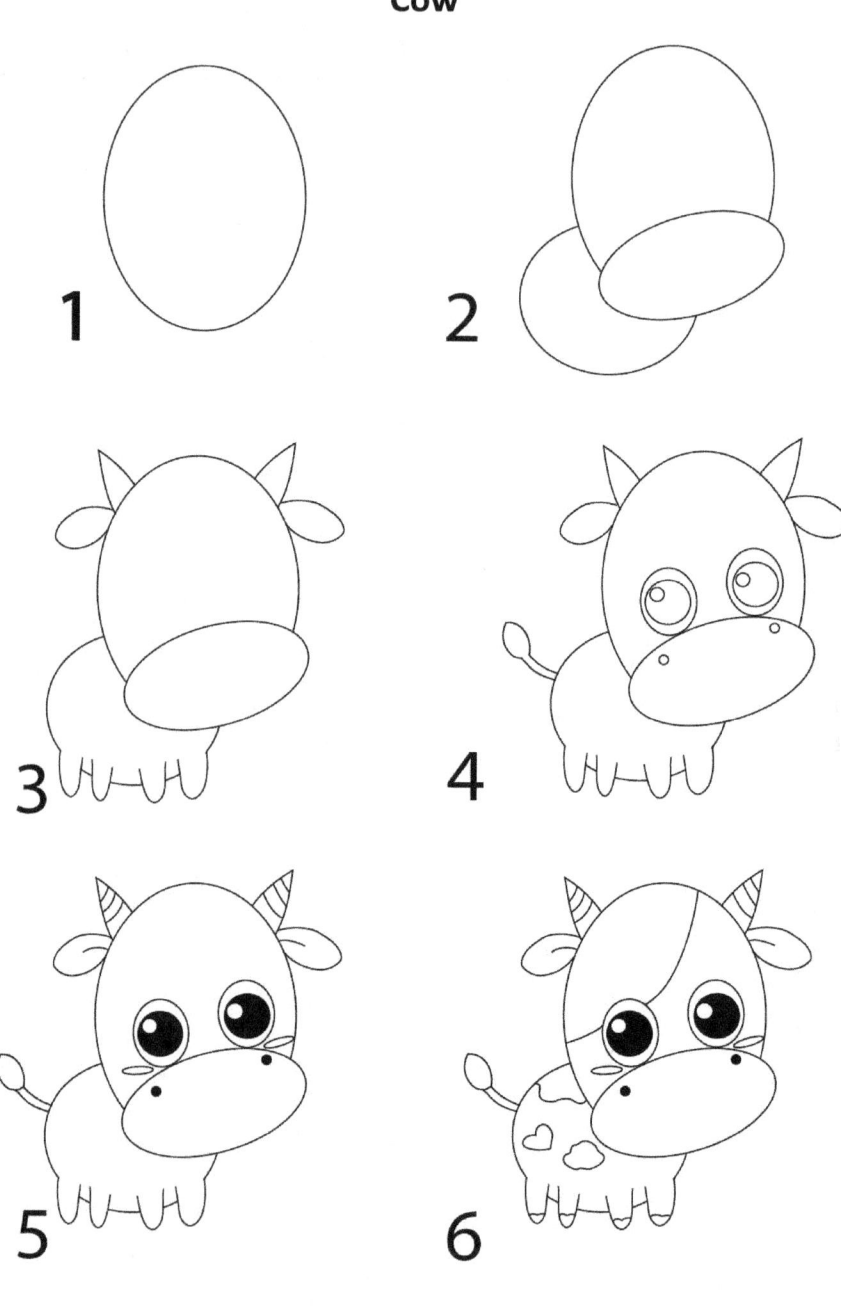

Your turn to draw

Dog

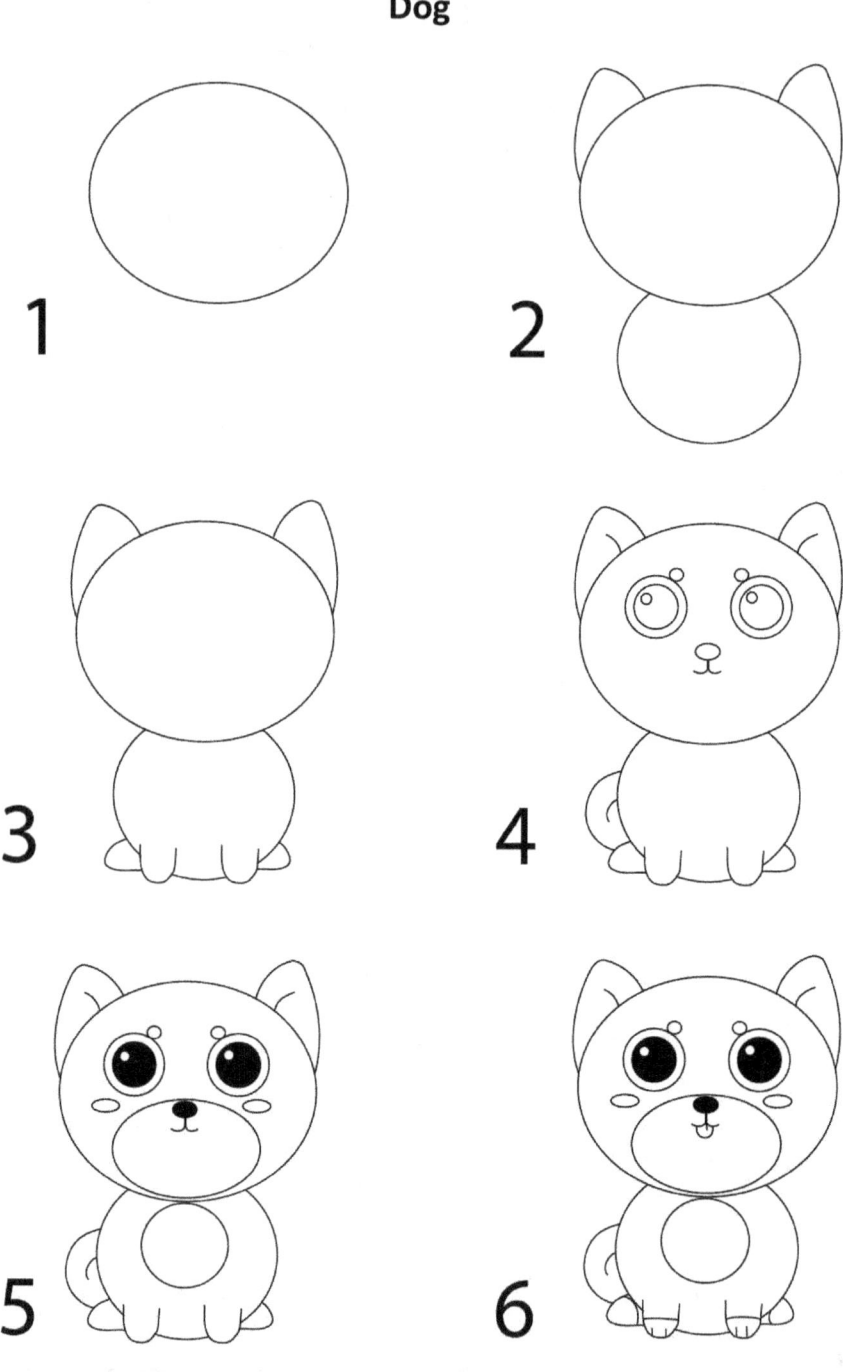

Your turn to draw

Rabbit

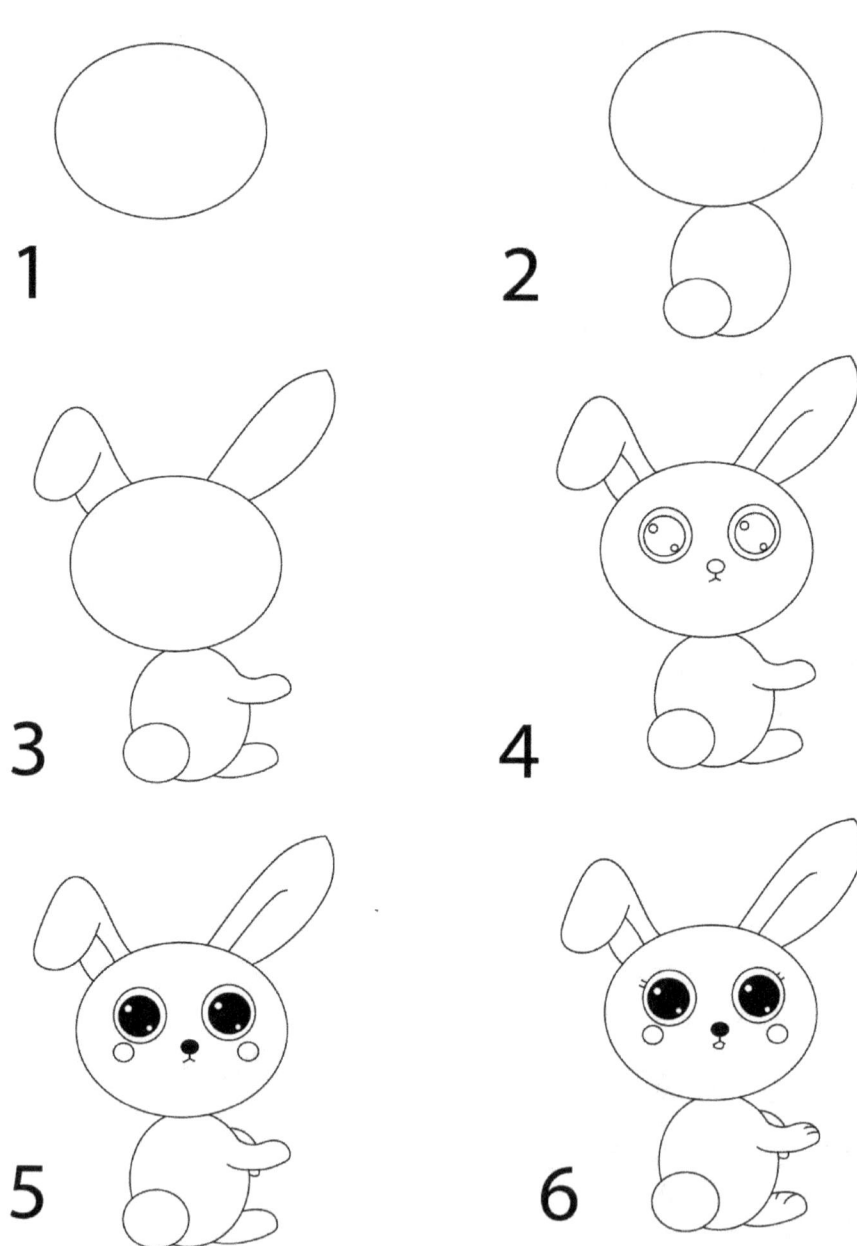

Your turn to draw

Pig

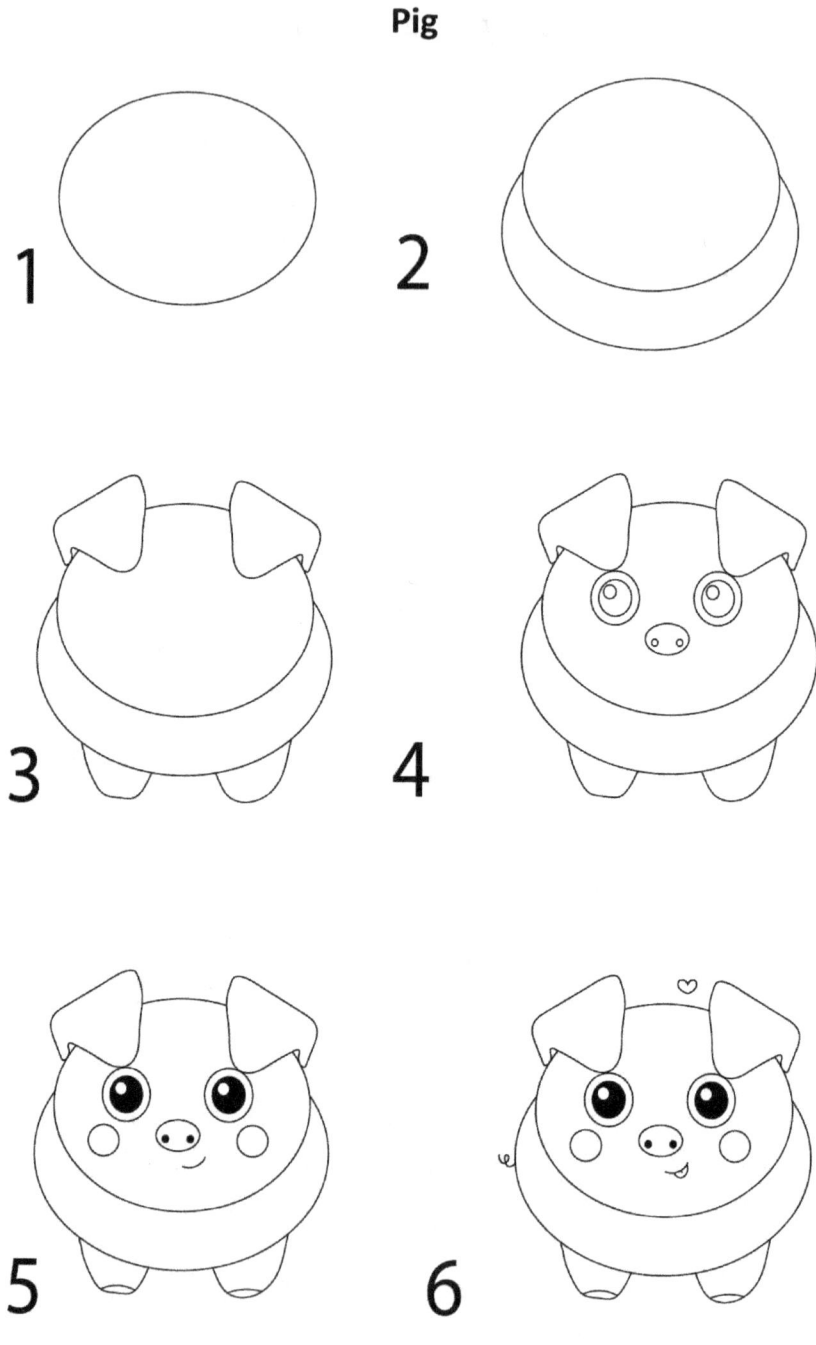

Your turn to draw

Tiger

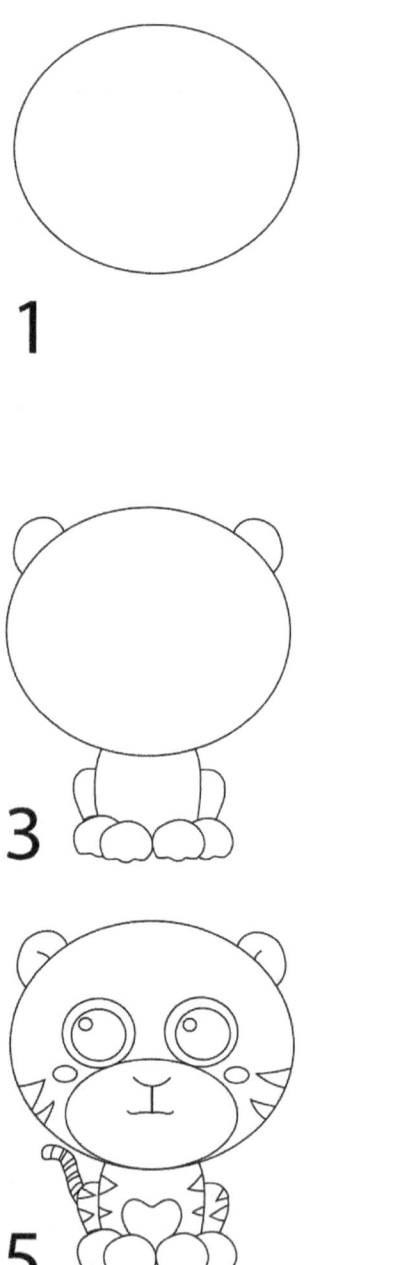

Your turn to draw

Lion

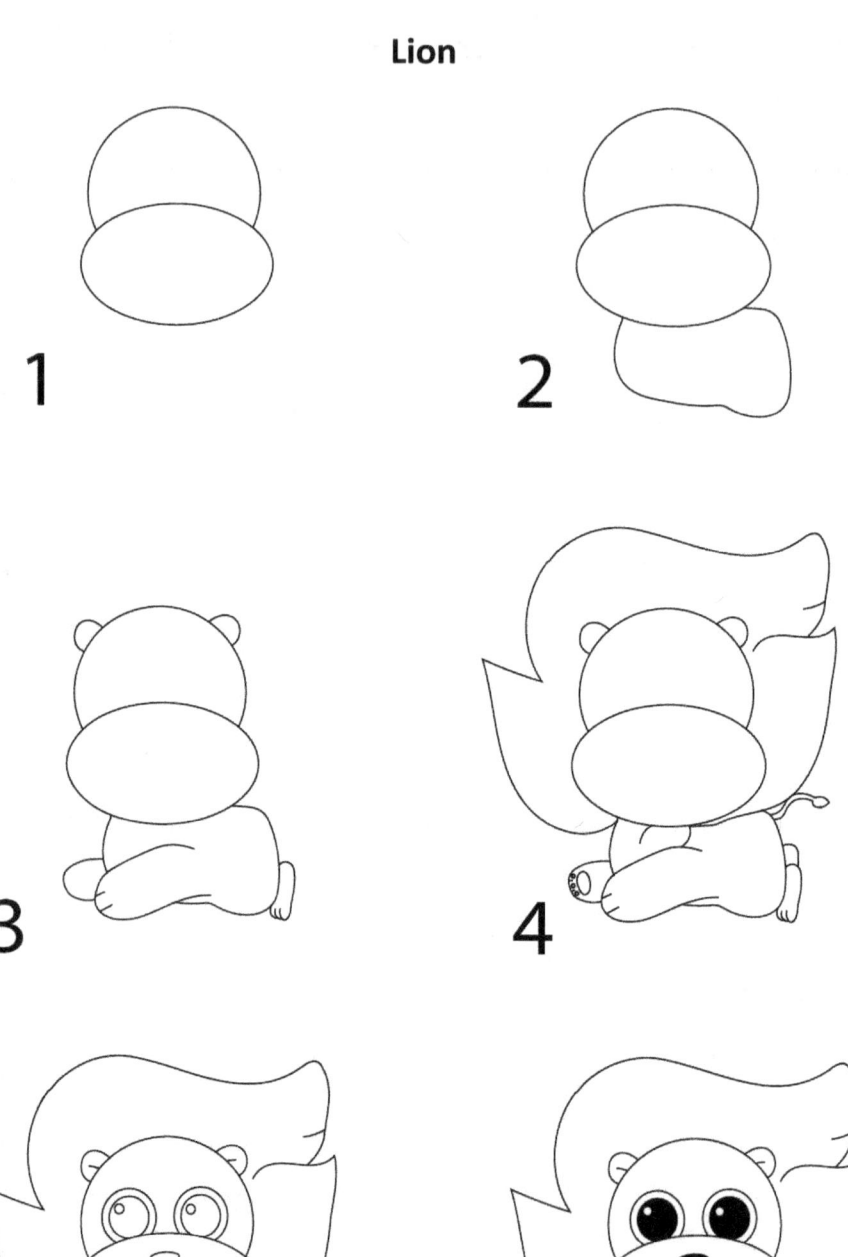

Your turn to draw

Elephant

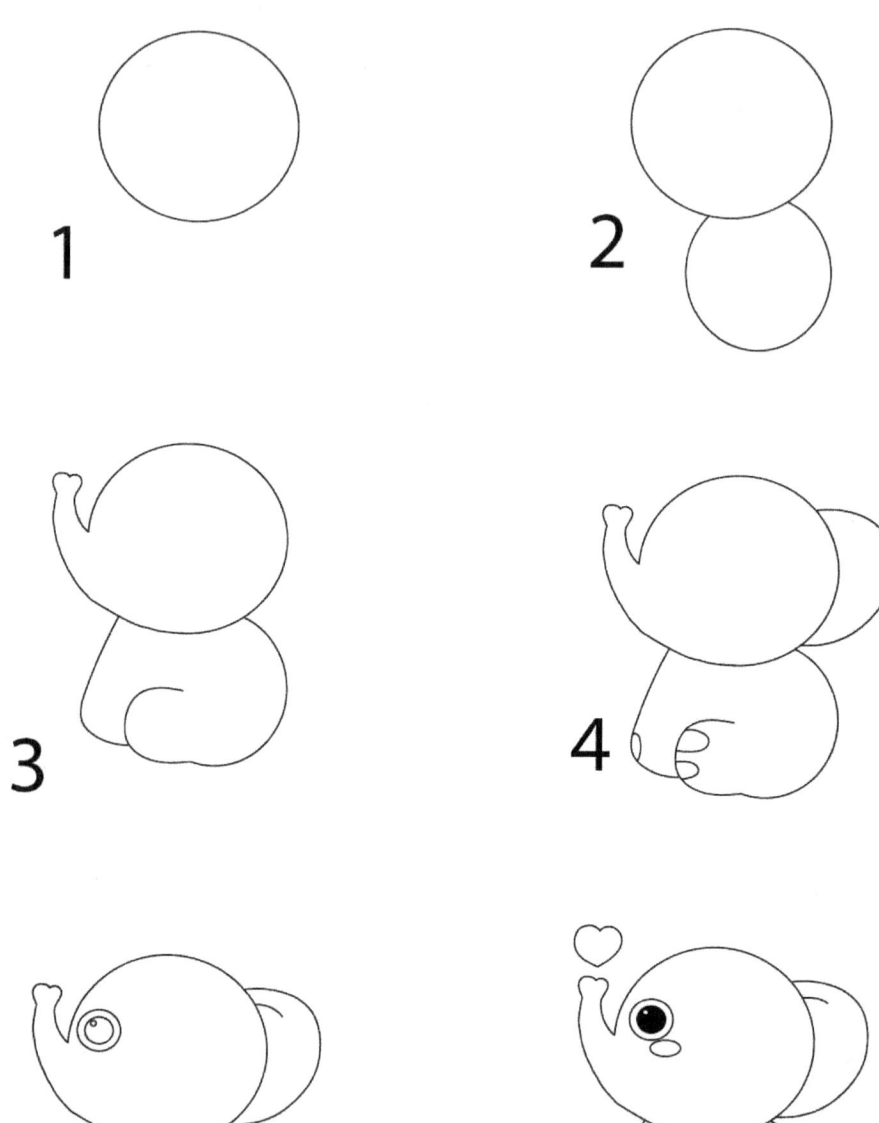

Your turn to draw

Giraffe

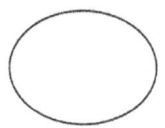
1

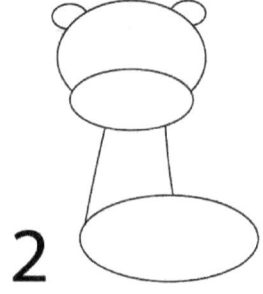
2

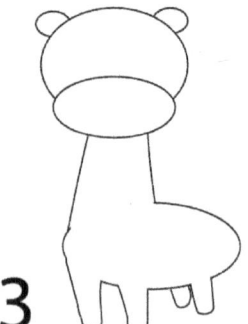
3

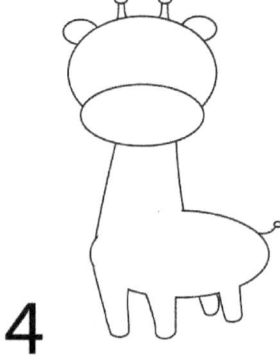
4

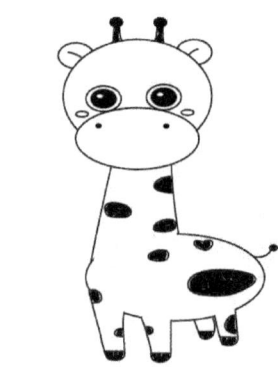
5 6

Your turn to draw

Cat

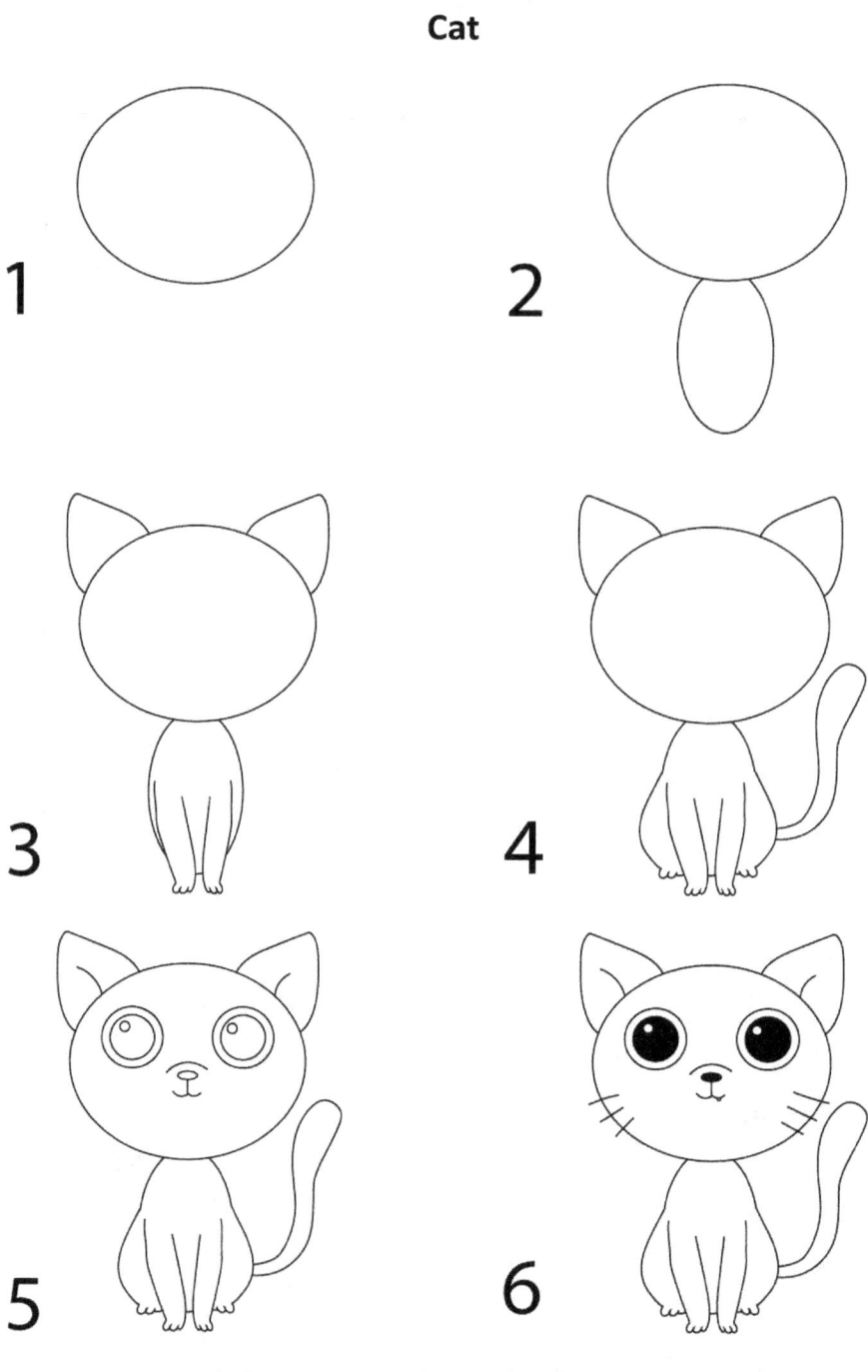

Your turn to draw

Sheep

1
2
3
4
5
6

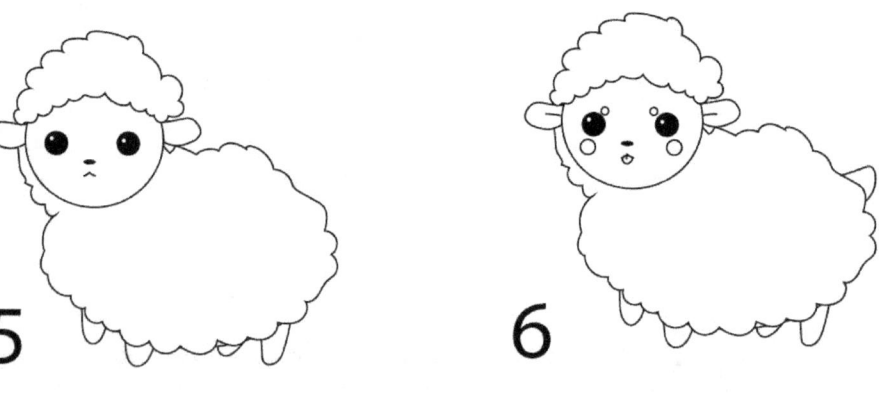

Your turn to draw

Parrot

1
2
3
4
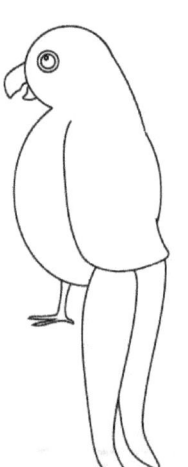
5
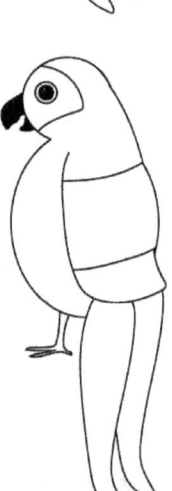
6

Your turn to draw

Eagle

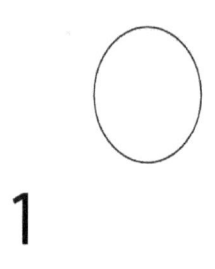
1

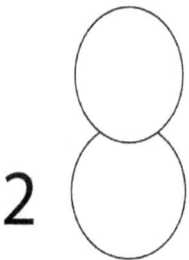
2

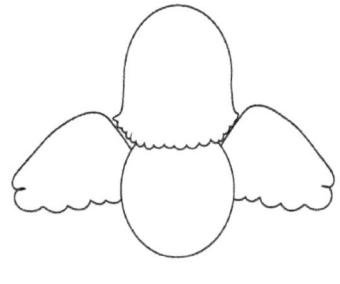
3

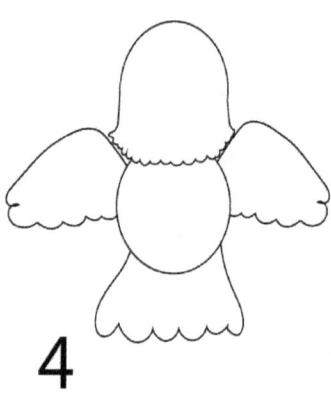
4

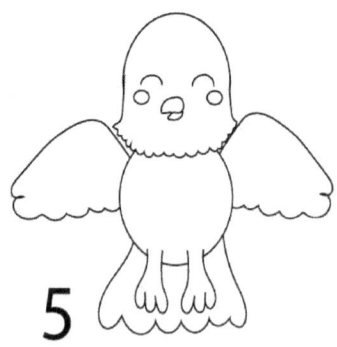
5

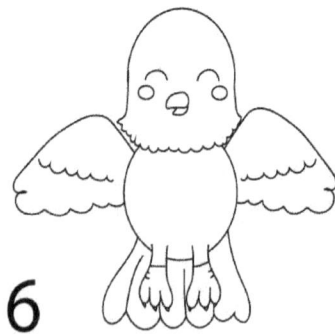
6

Your turn to draw

Dragonfly

1

2

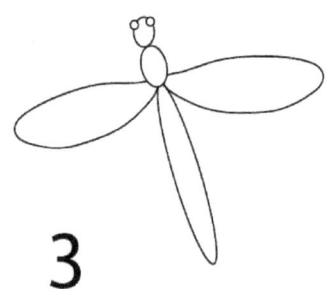

3

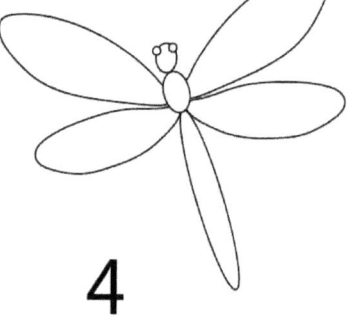

4

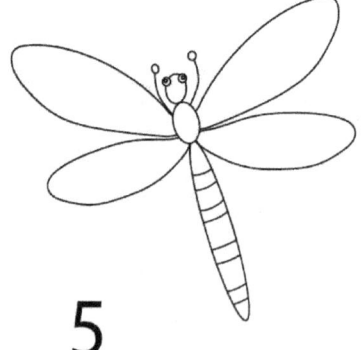

5

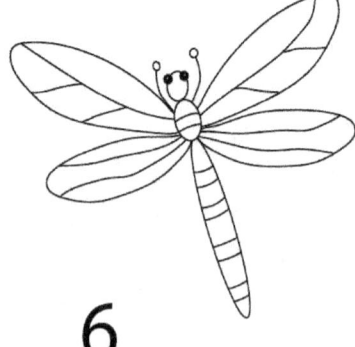

6

Your turn to draw

Butterfly

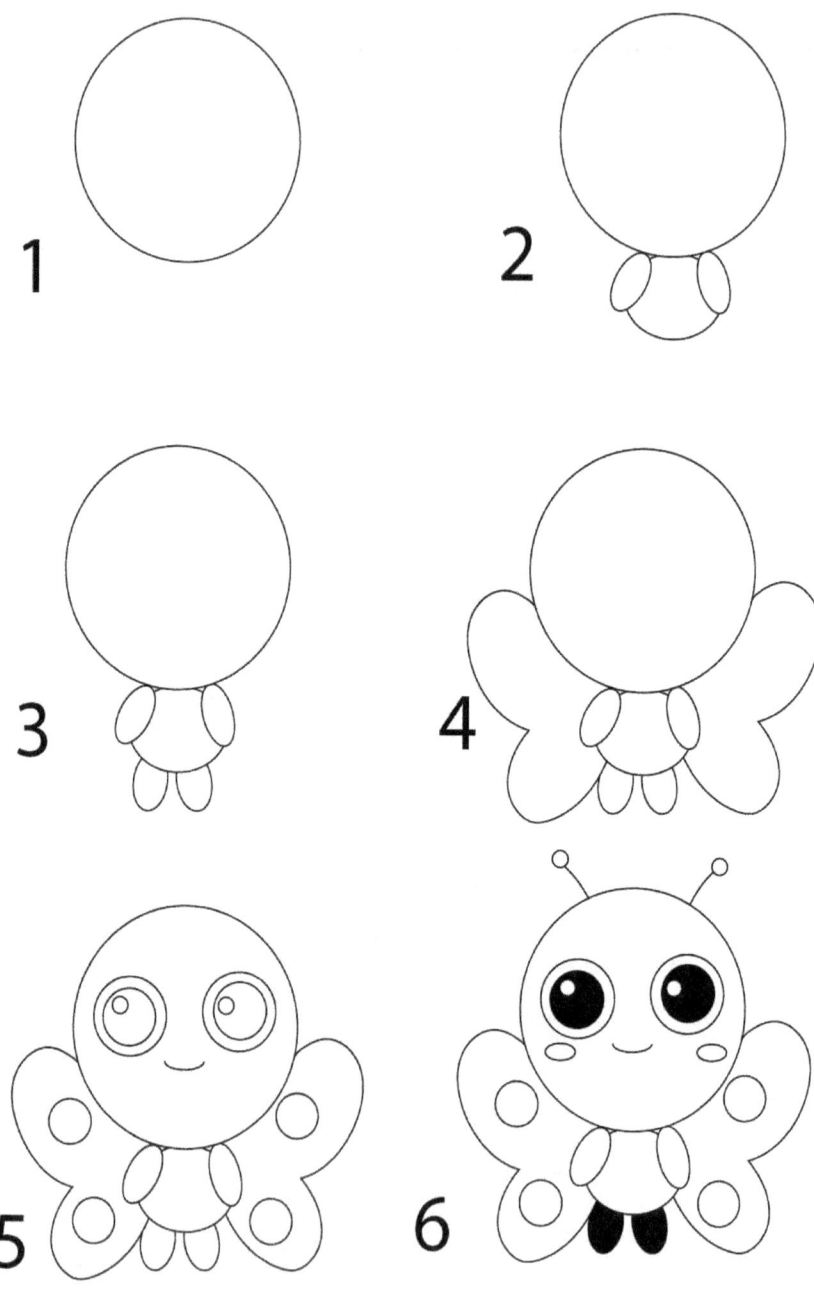

Your turn to draw

Frog

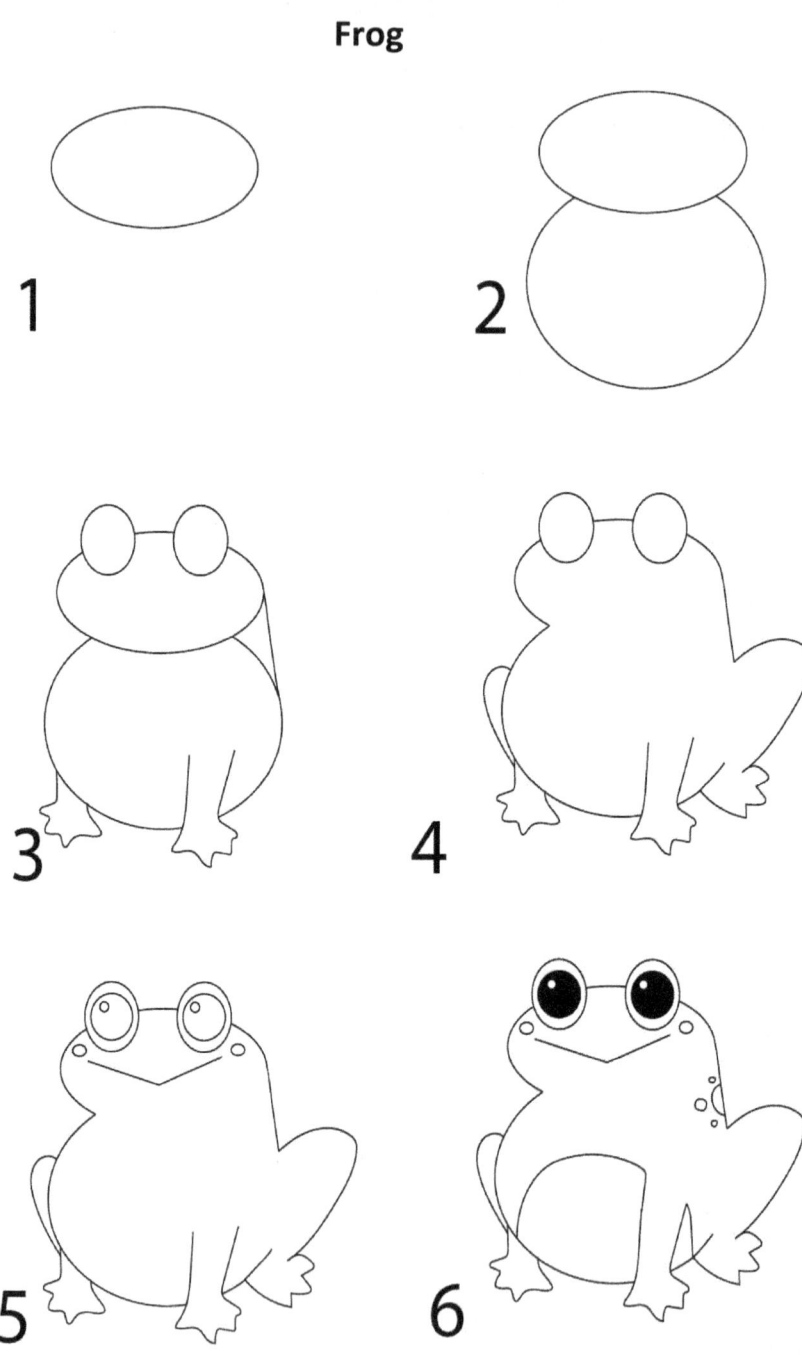

Your turn to draw

Duck

1
2
3
4
5
6

Your turn to draw

Dolphin

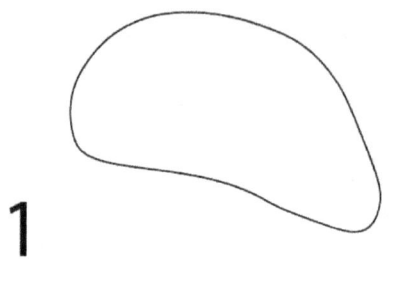
1

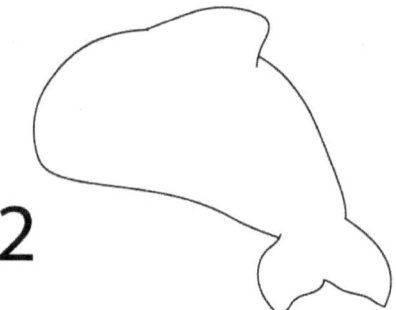
2

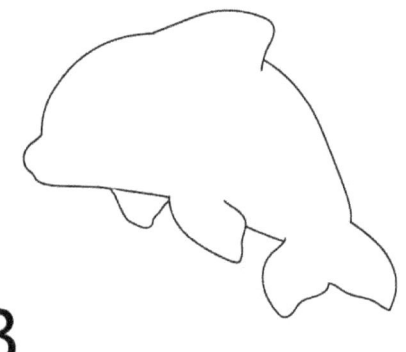
3

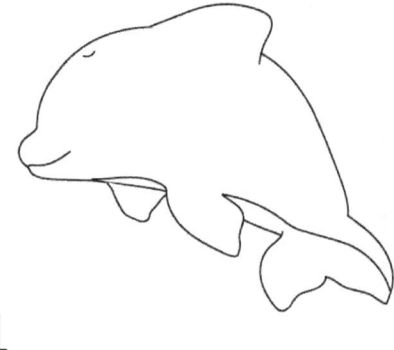
4

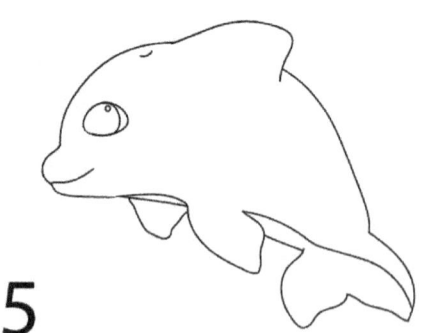
5

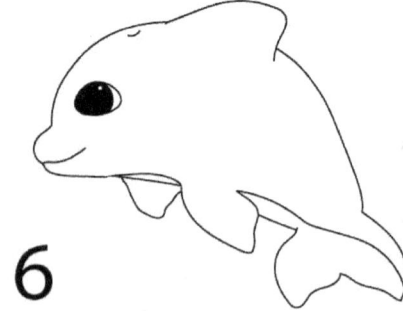
6

Your turn to draw

Monkey

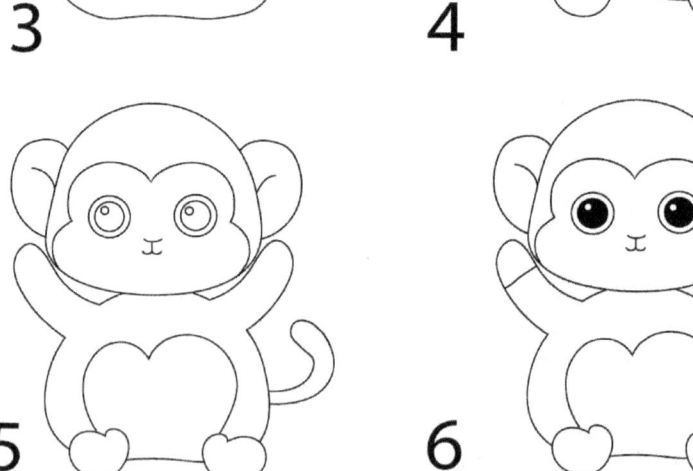

Your turn to draw

Hedgehog

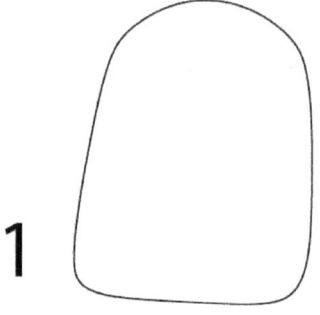
1

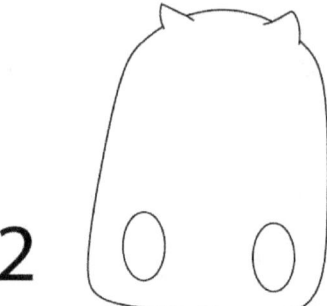
2

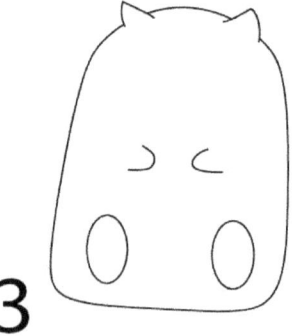
3

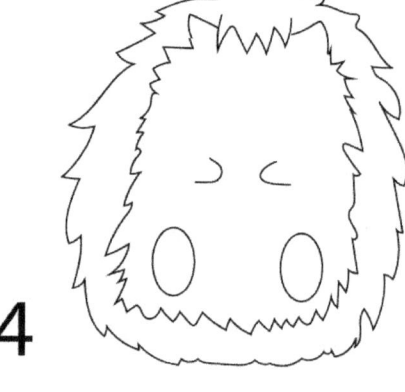
4

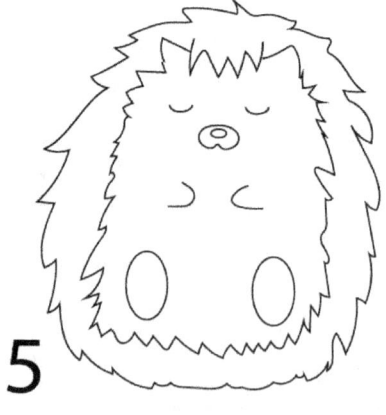
5

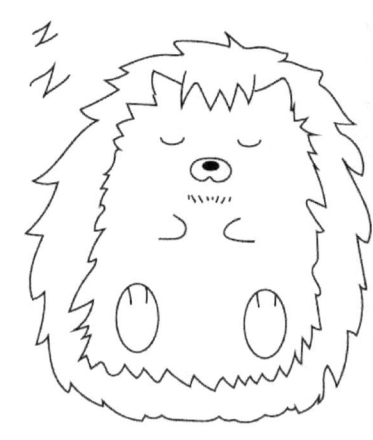
6

Your turn to draw

Snail

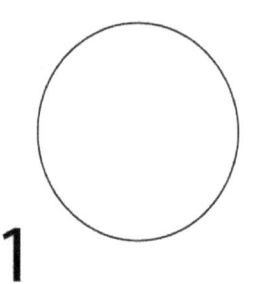
1

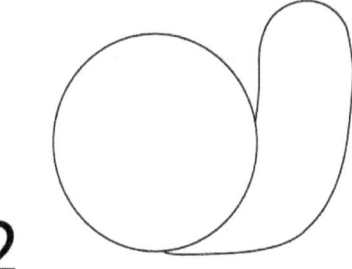
2

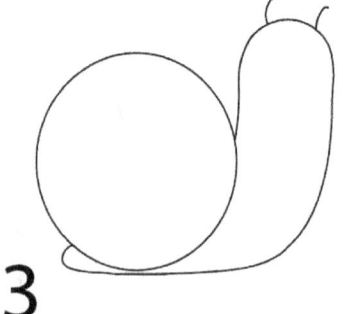
3

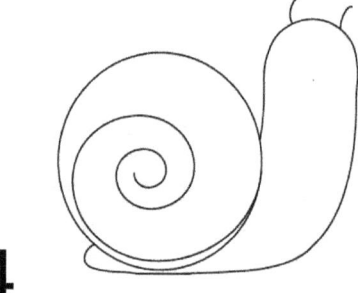
4

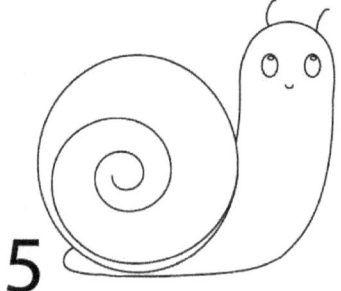
5

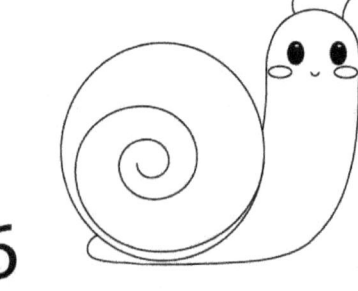
6

Your turn to draw

Turtle

1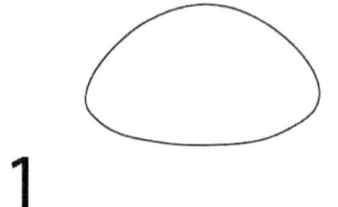

2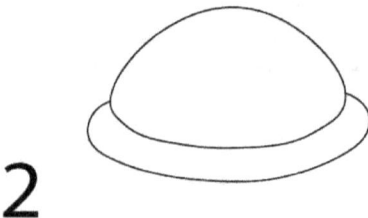

3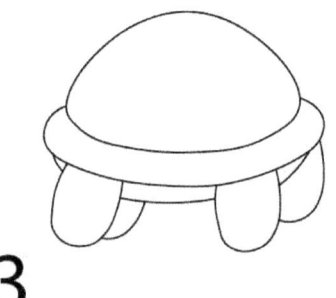

4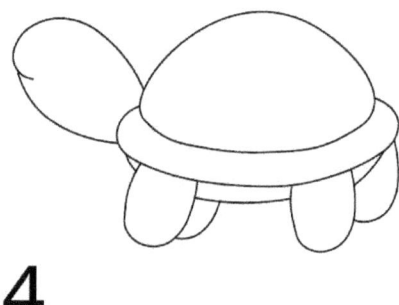

5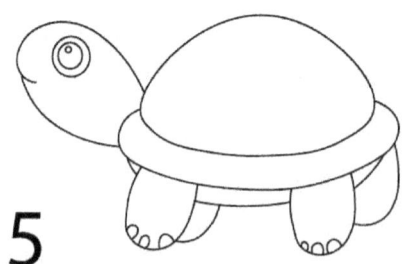

6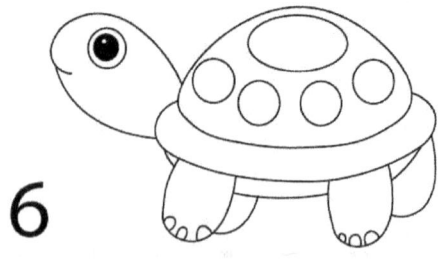

Your turn to draw

Owl

1
2
3
4
5
6

Your turn to draw

Bear

1
2
3
4
5
6

Your turn to draw

Fish

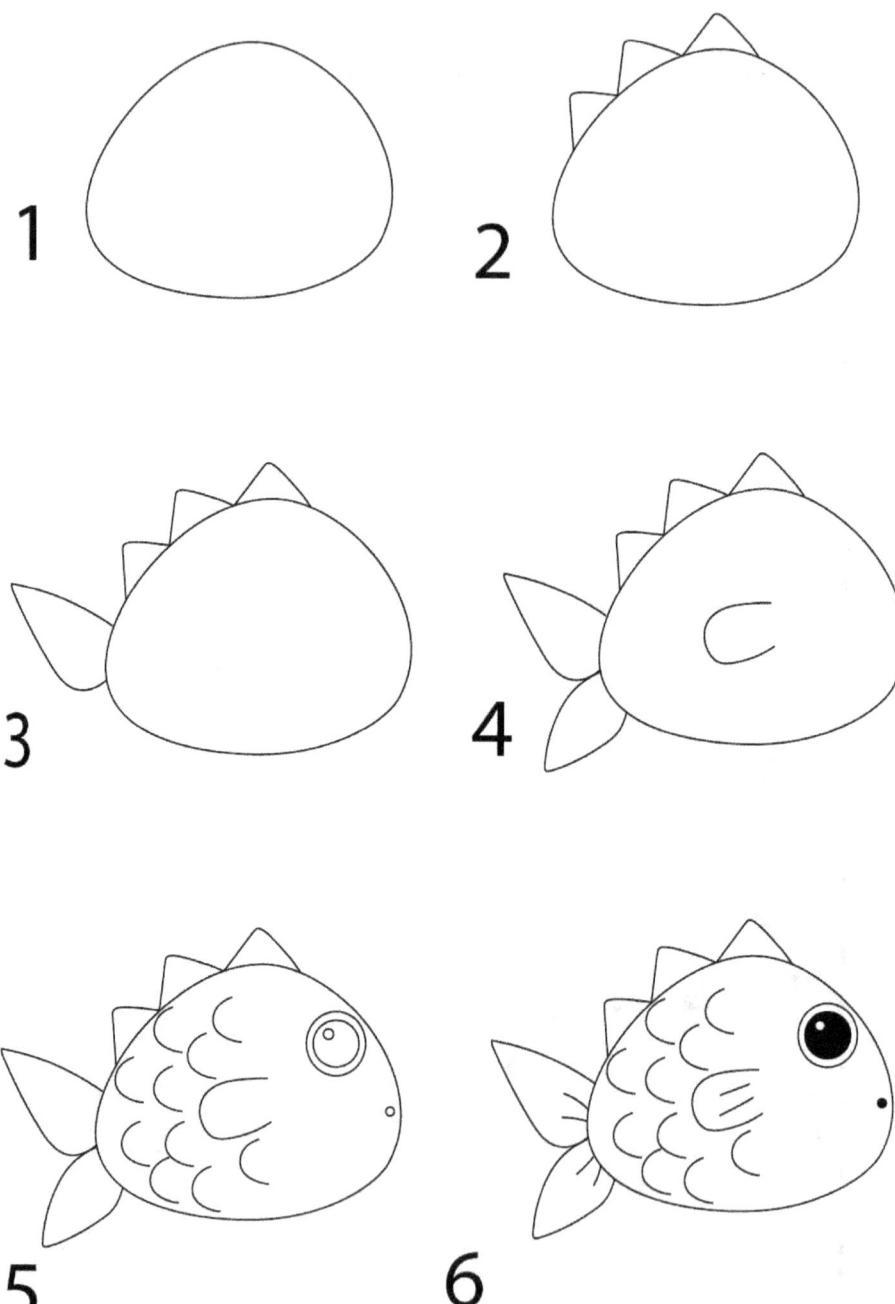

Your turn to draw

Octopus

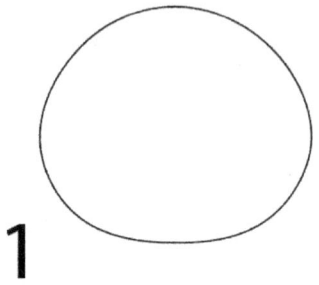
1

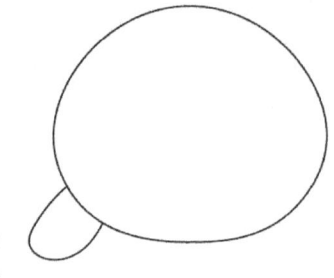
2

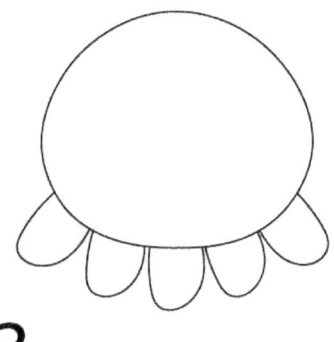
3

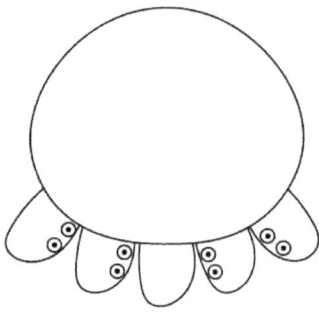
4

5

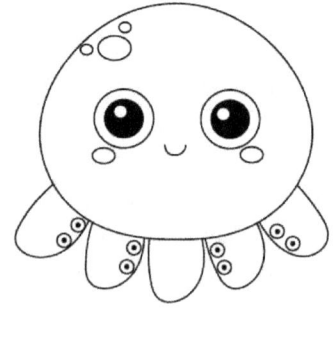
6

Your turn to draw

Shrimp

1
2
3
4
5
6

Your turn to draw

Bee

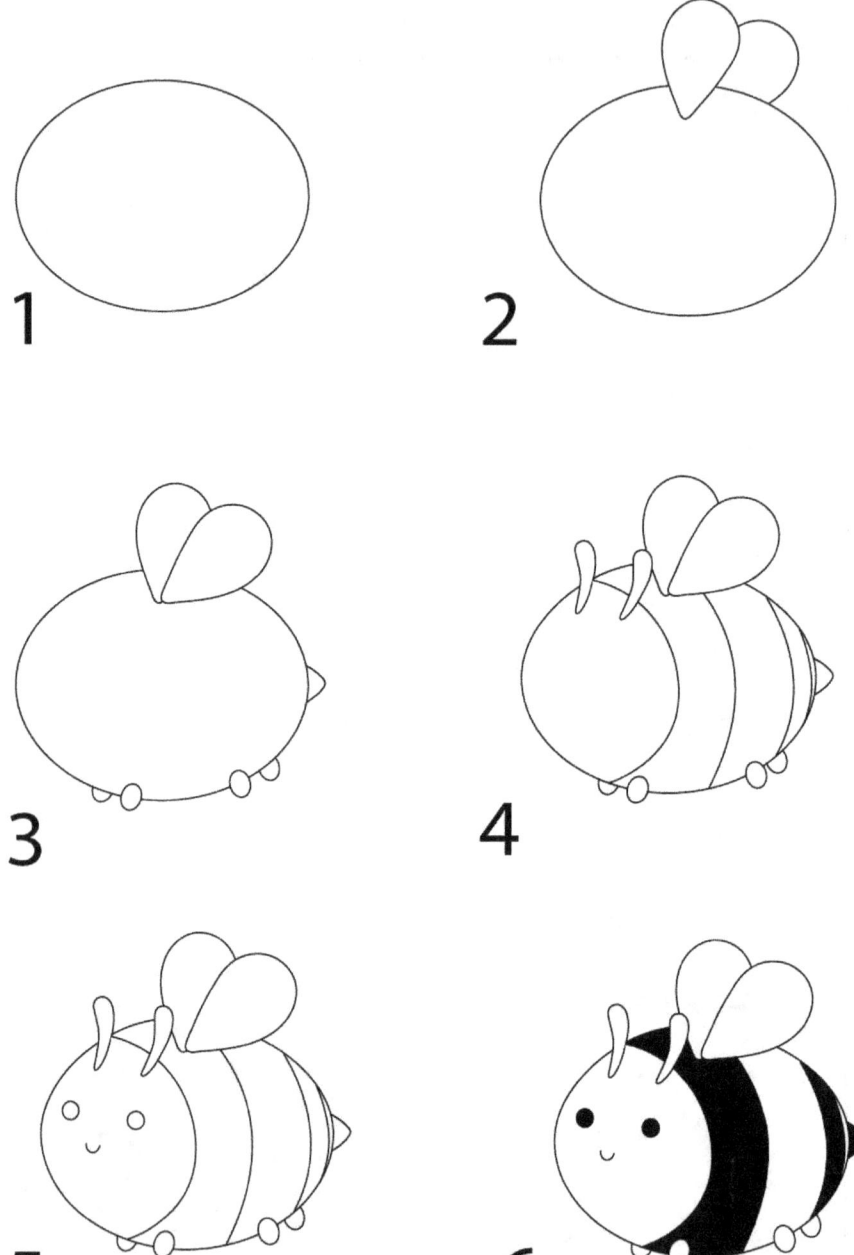

Your turn to draw

Crab

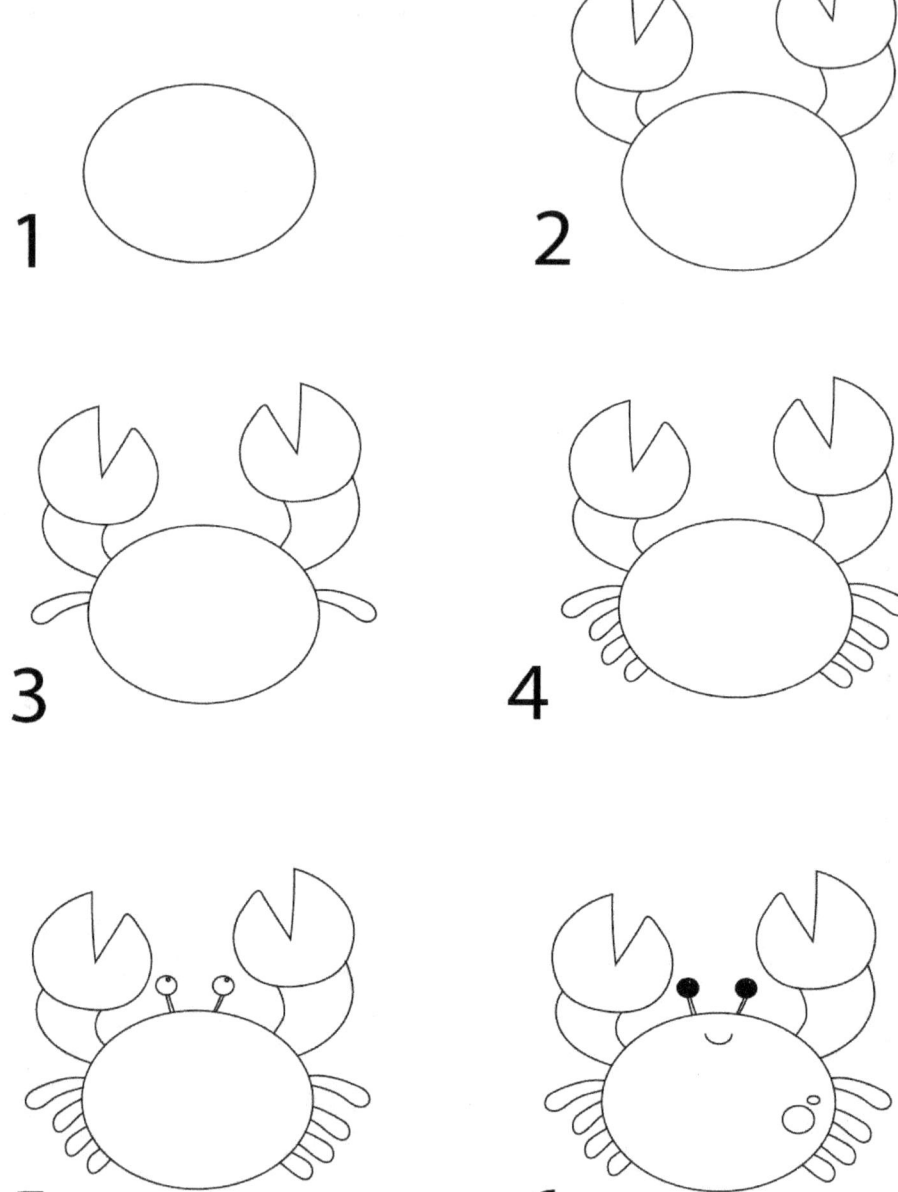

Your turn to draw

Rhino

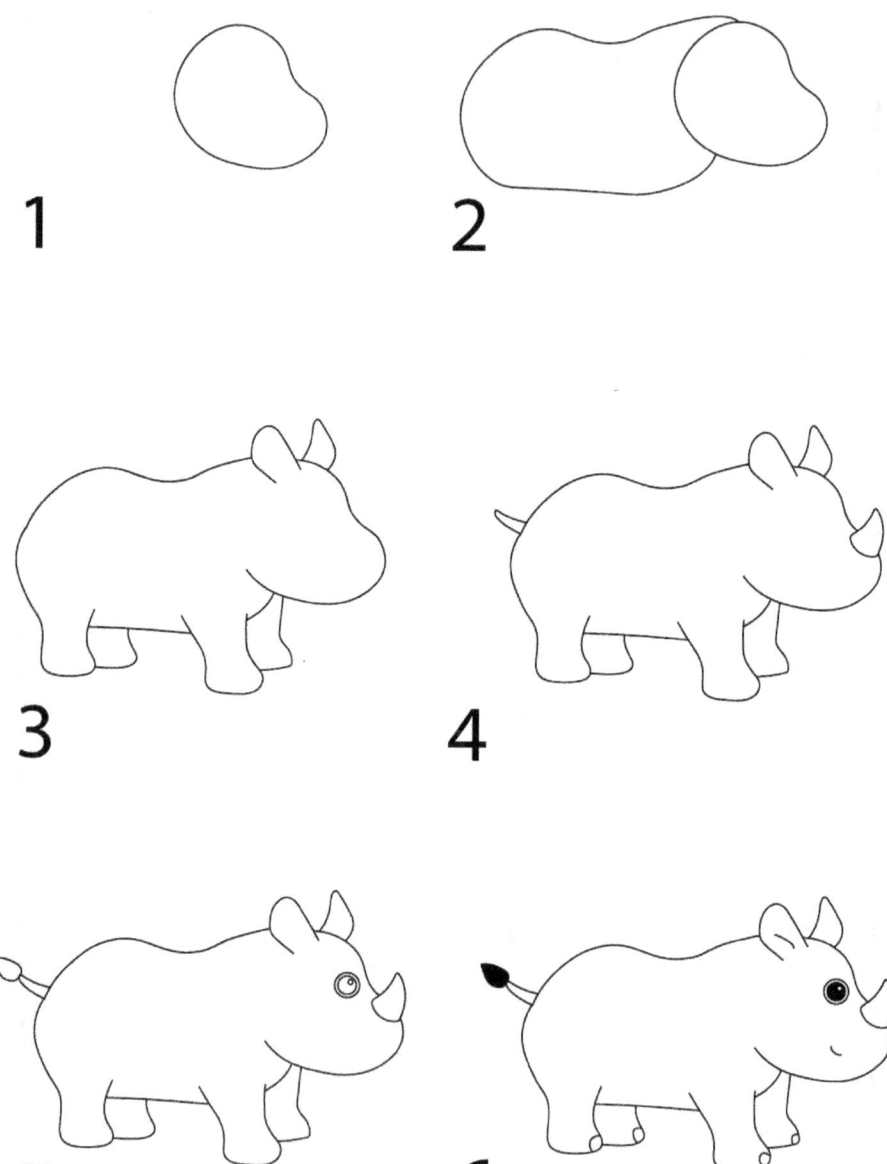

Your turn to draw

Hippocampus

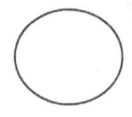
1

2

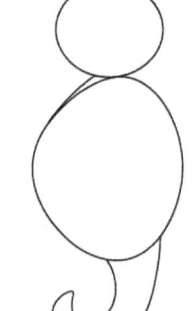
3

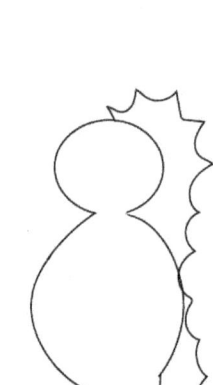
4

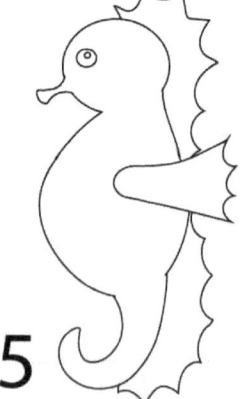
5

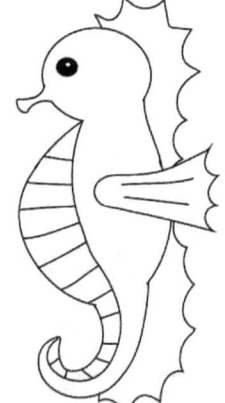
6

Your turn to draw

Penguin

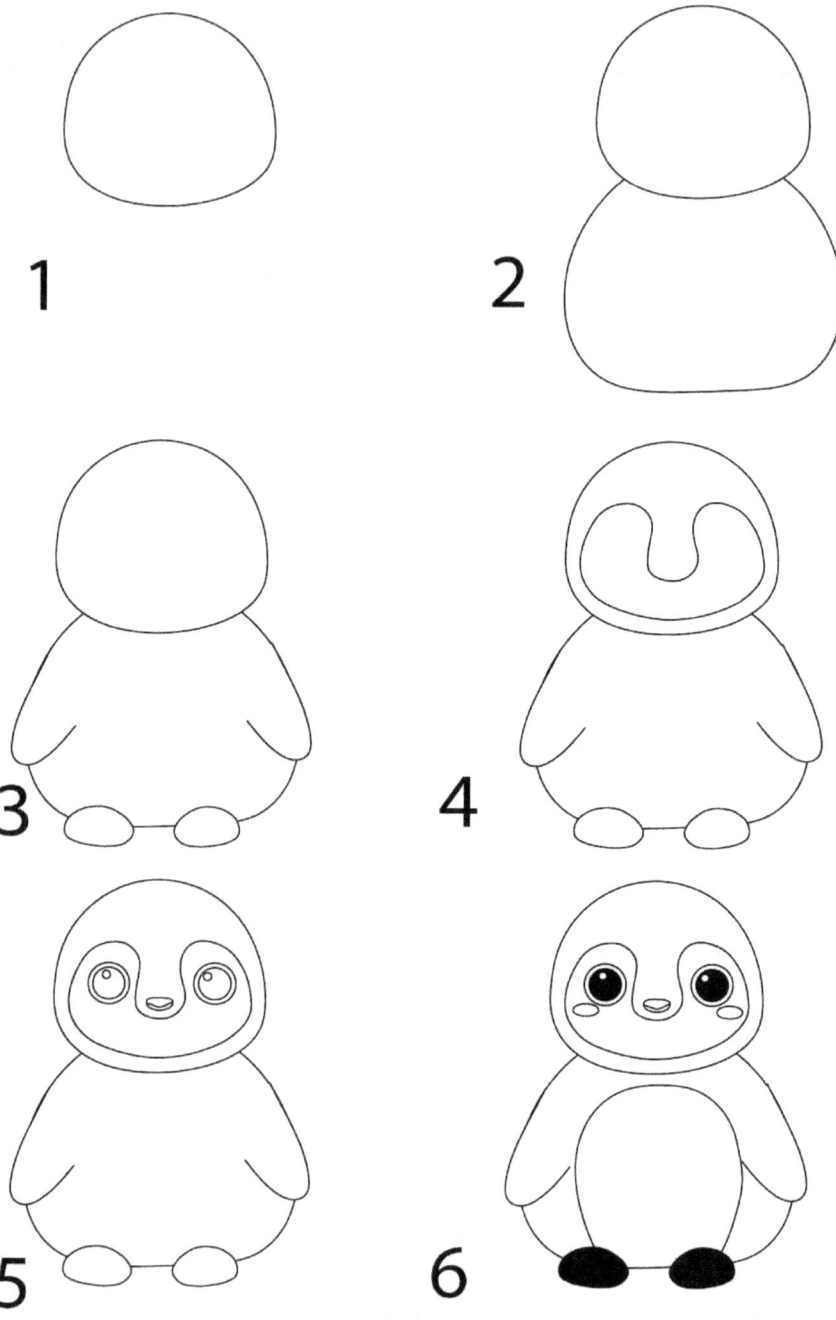

Your turn to draw

Dinosaur

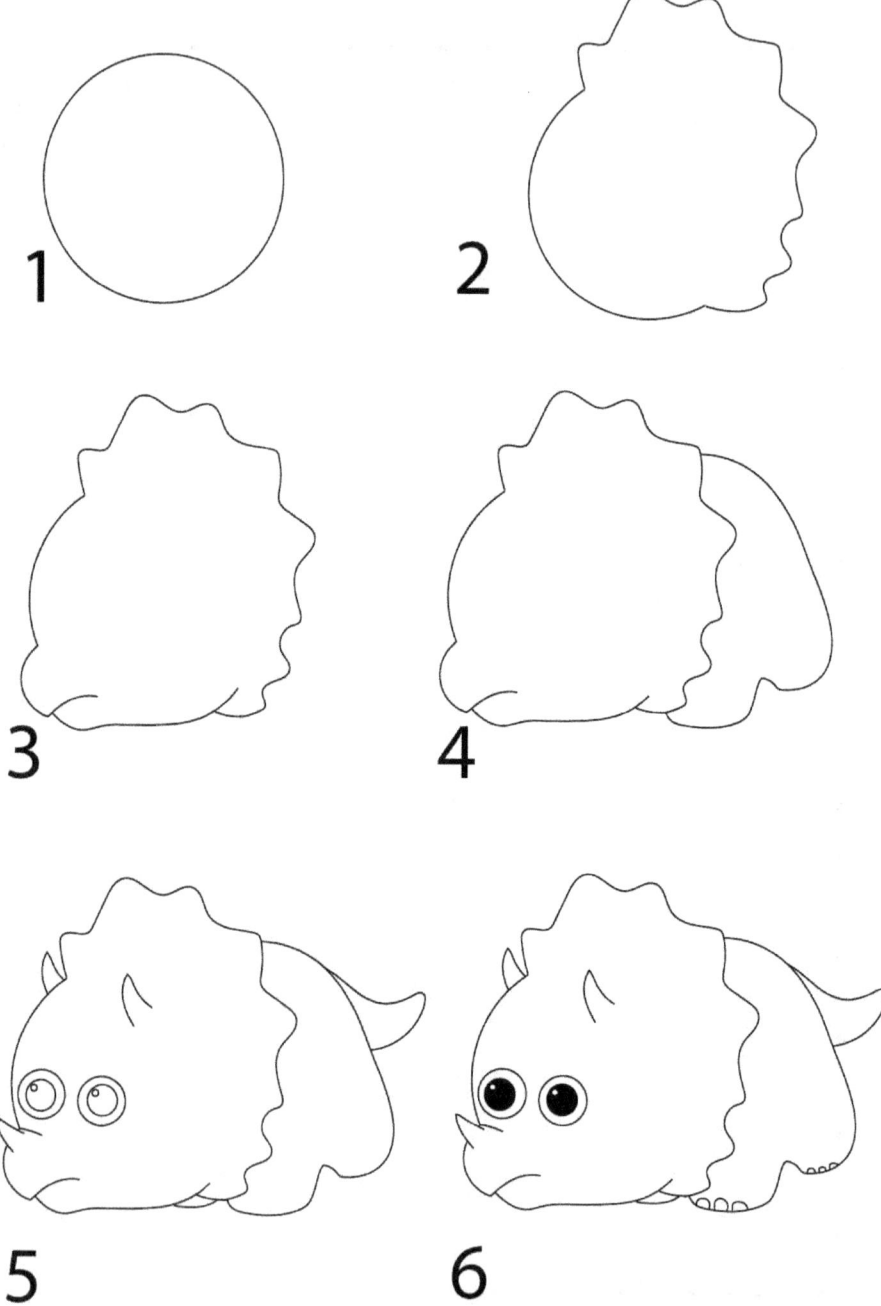

Your turn to draw

Car

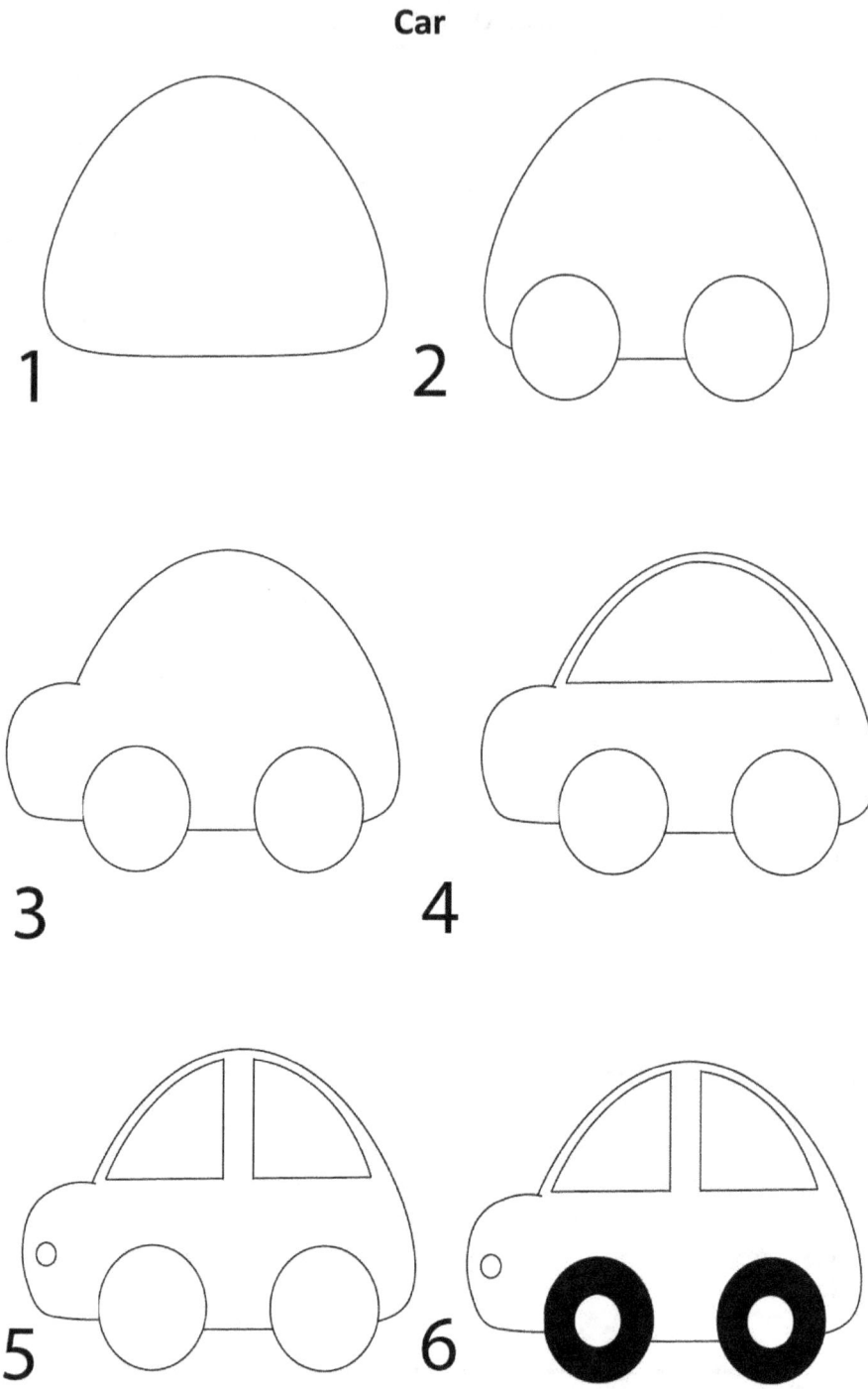

Your turn to draw

Truck

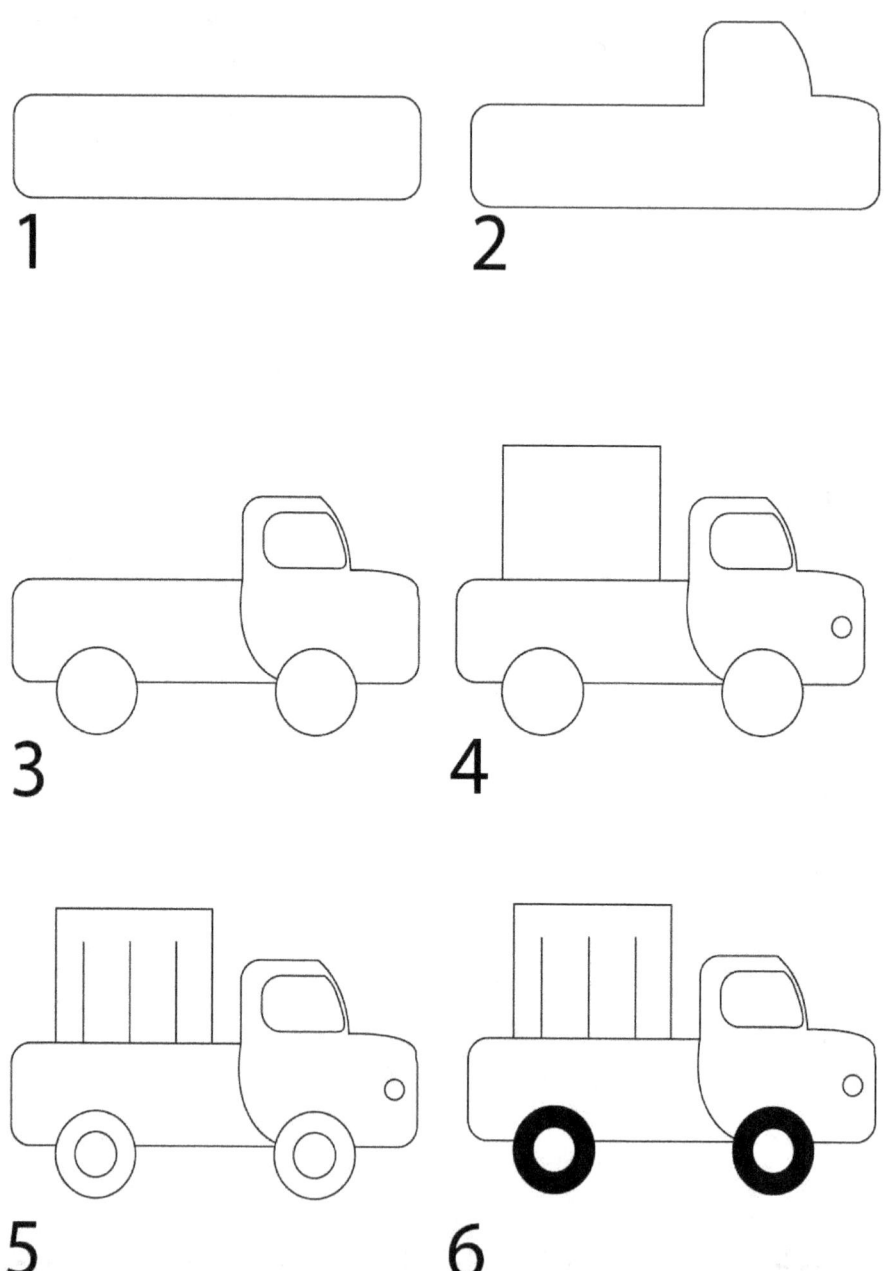

Your turn to draw

Motobike

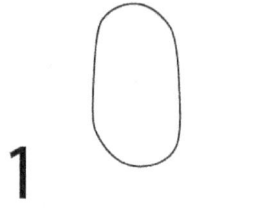
1

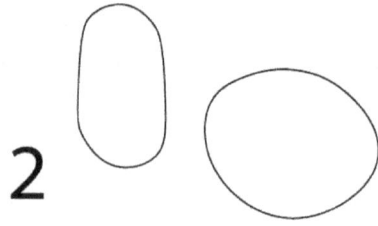
2

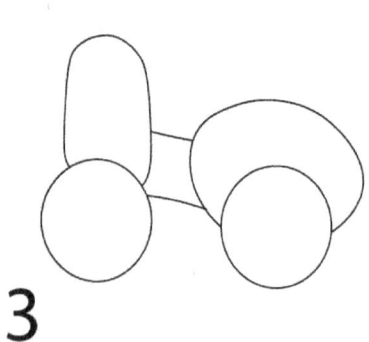
3

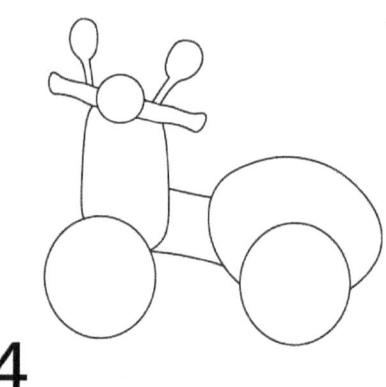
4

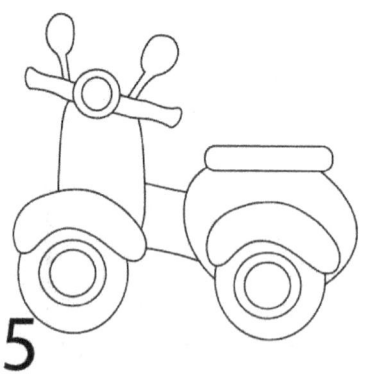
5

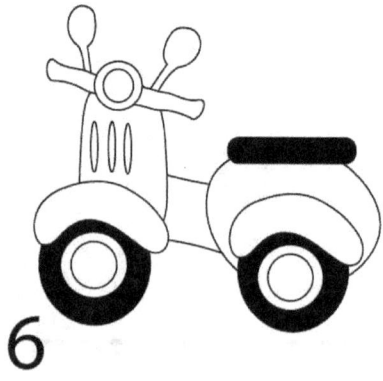
6

Your turn to draw

Bike

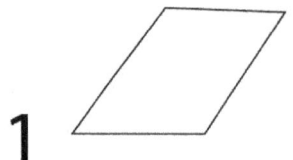
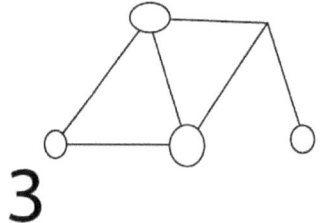
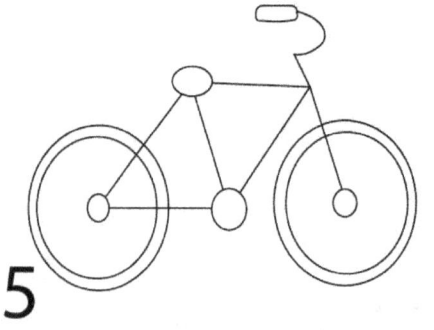
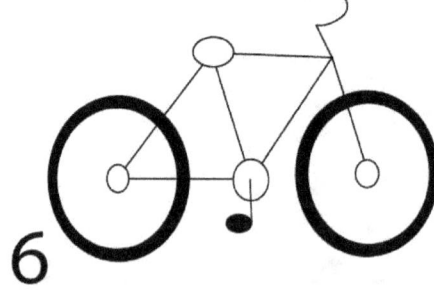

Your turn to draw

Helicopter

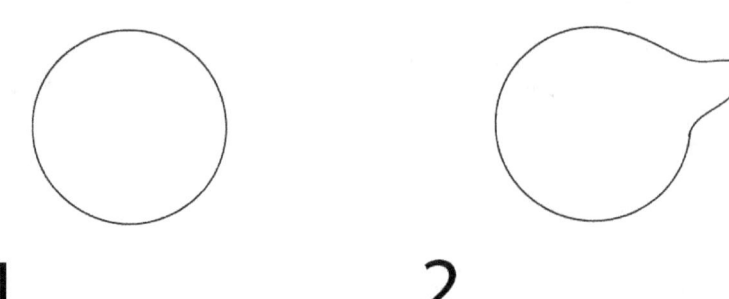

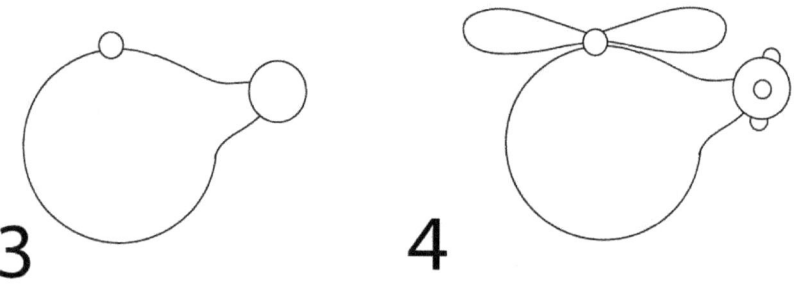

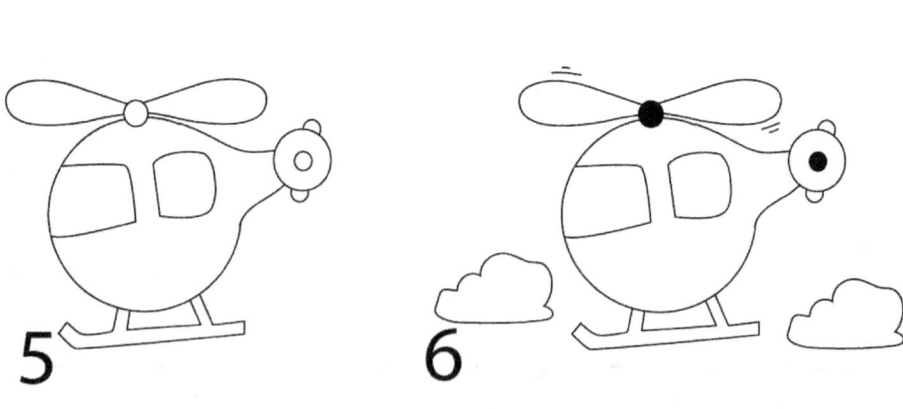

Your turn to draw

Rocket

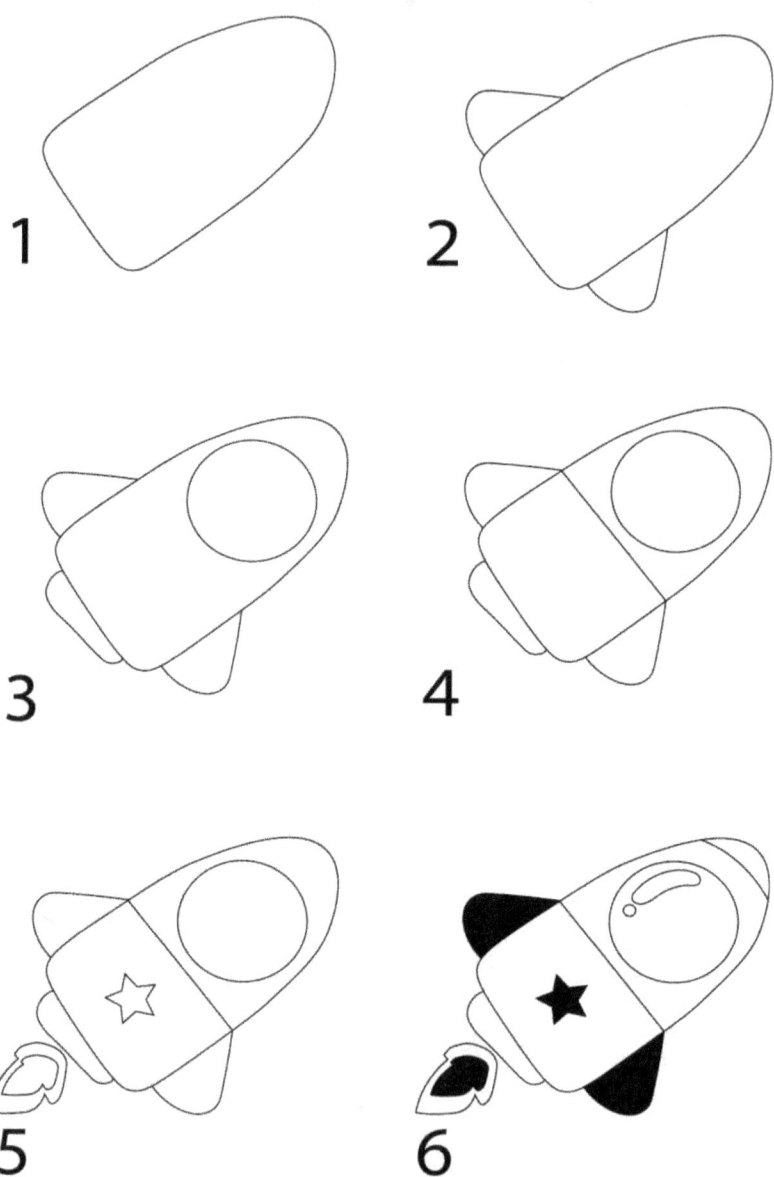

Your turn to draw

Dragon

1

2

3

4

5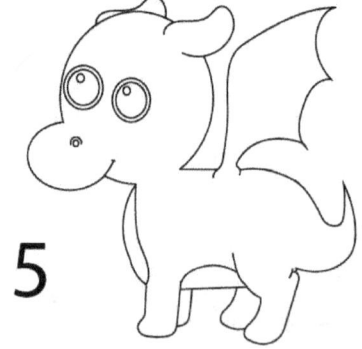

6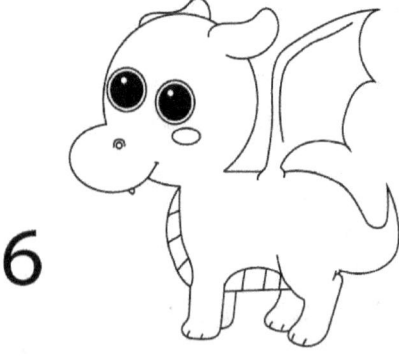

Your turn to draw

Unicorn

1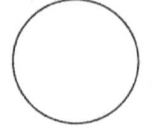
2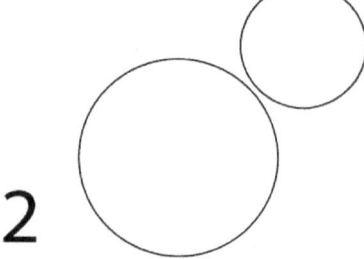
3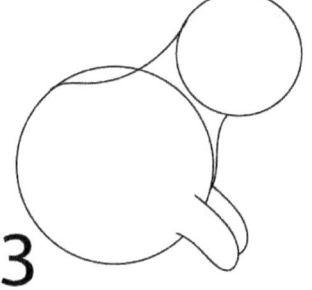
4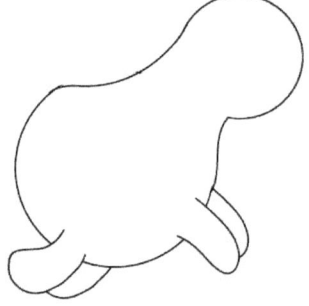
5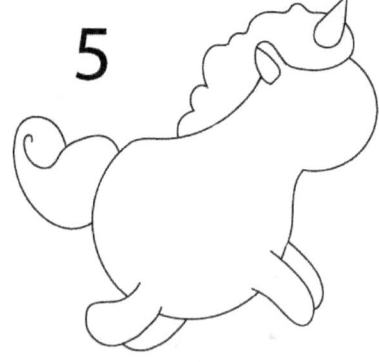
6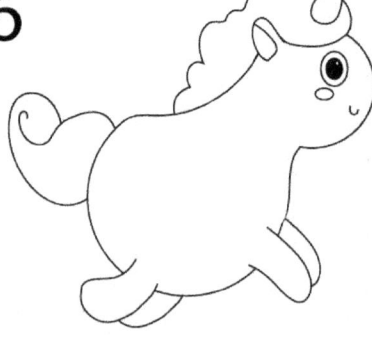

Your turn to draw

Pokemon

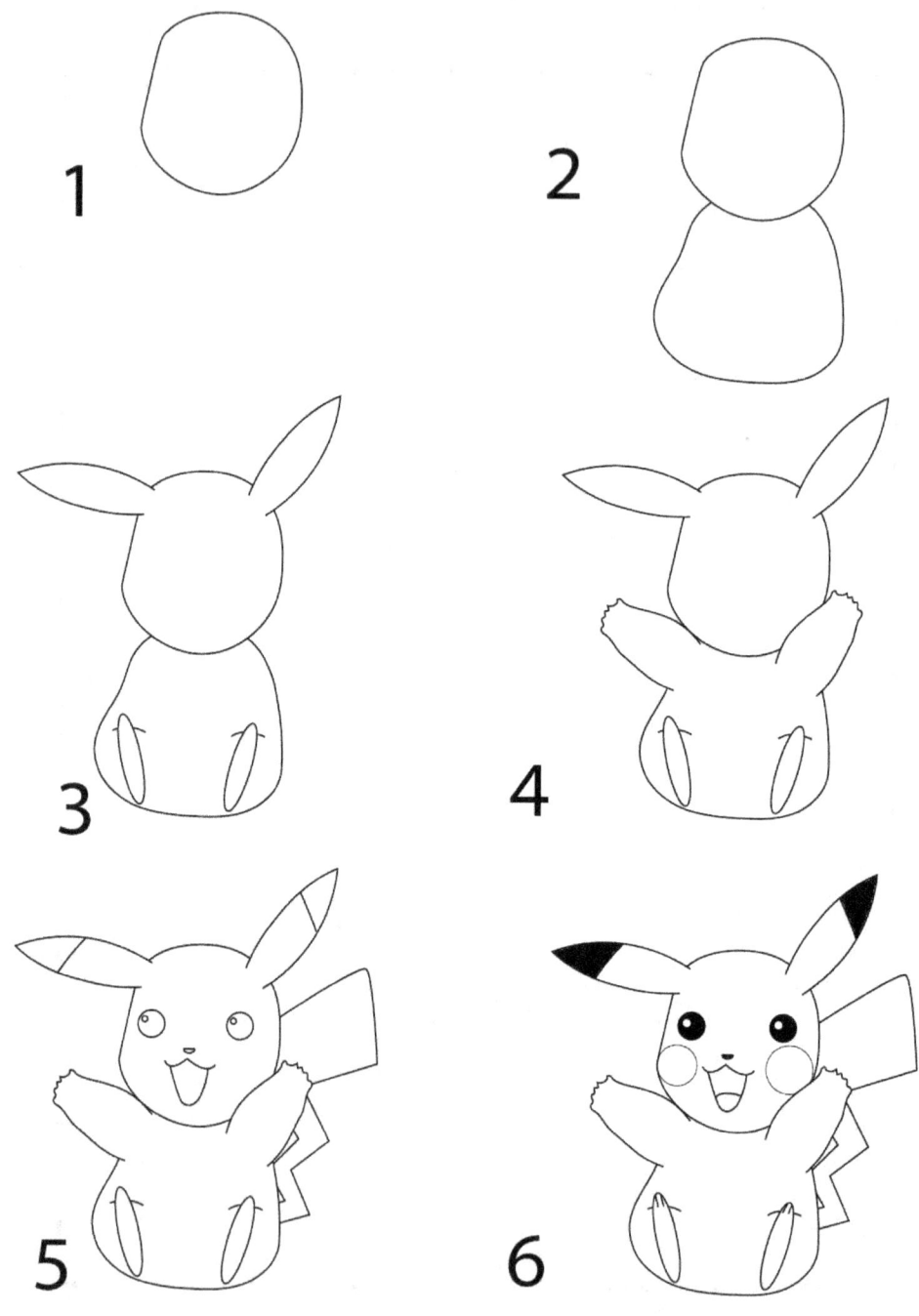

Your turn to draw

Mermaid

1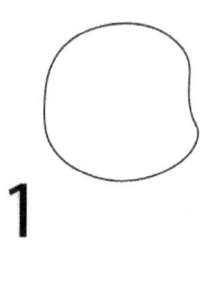

2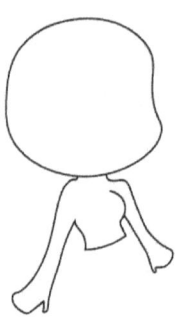

3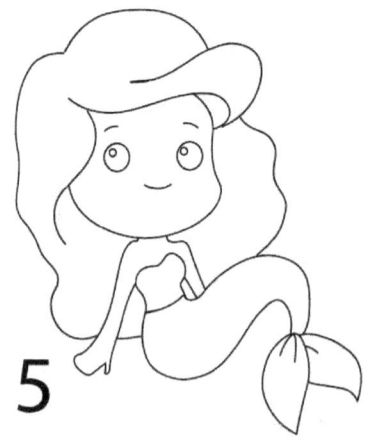

4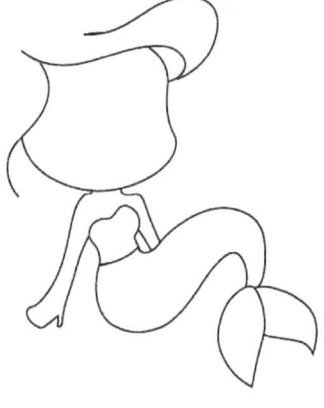

5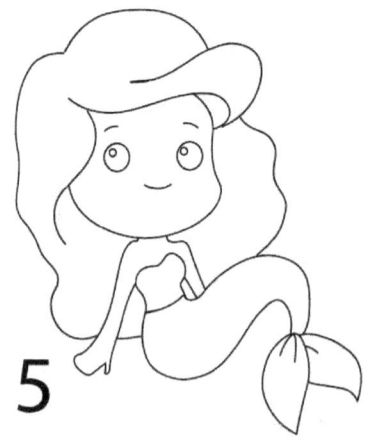

6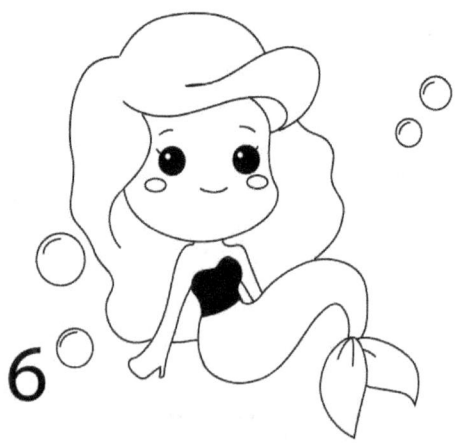

Your turn to draw

Sunflower

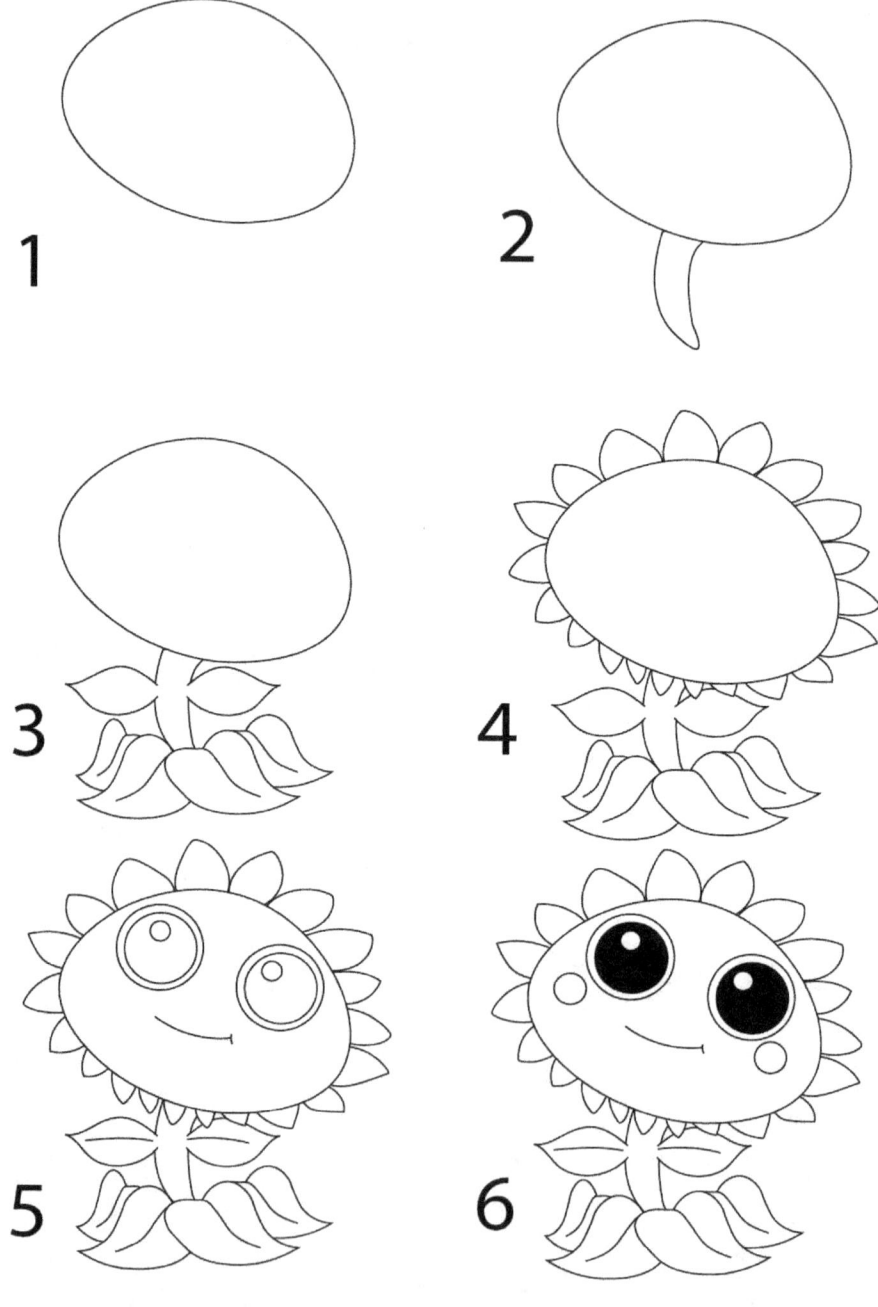

Your turn to draw

Tree

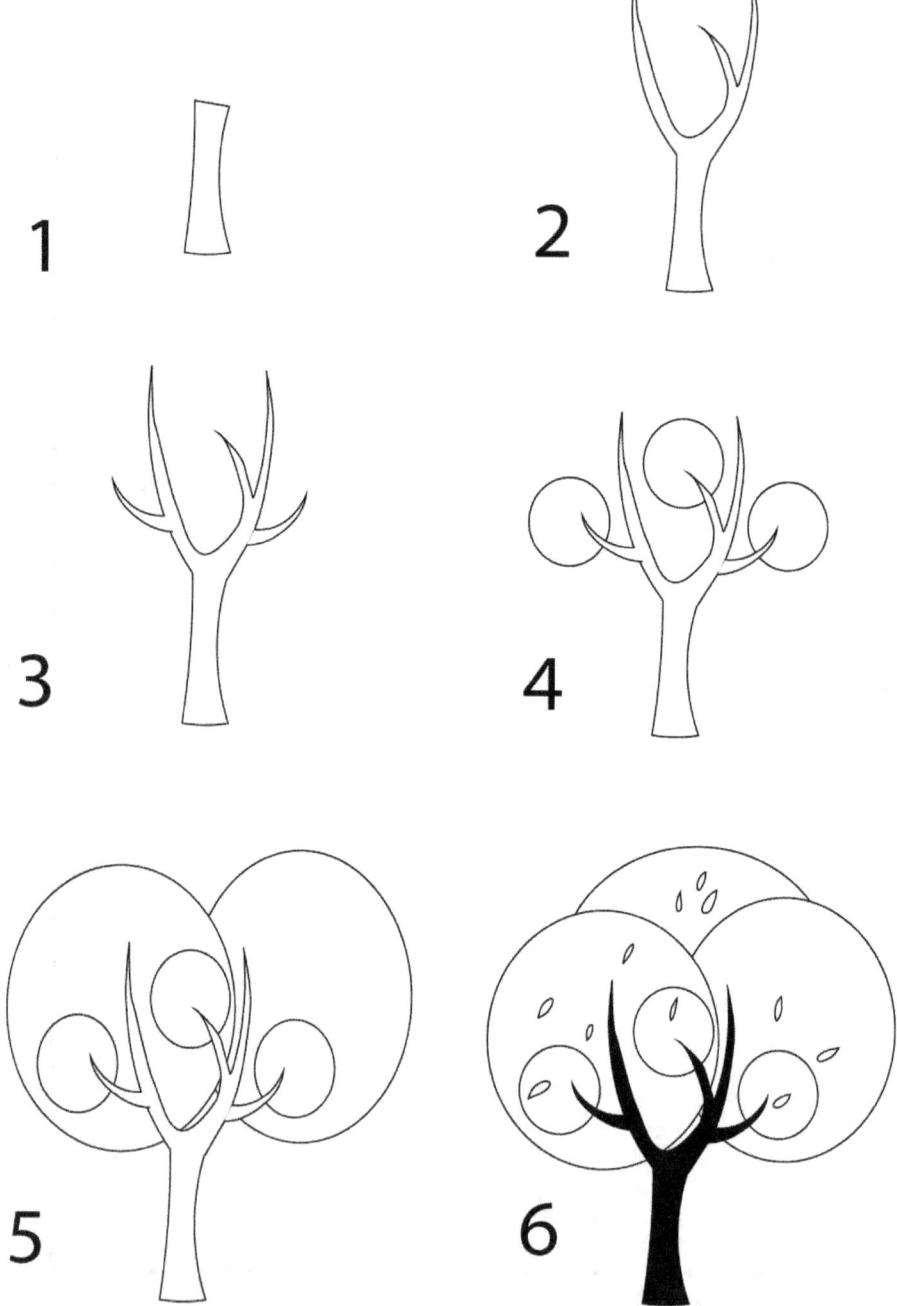

Your turn to draw

Porm dress

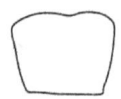

1

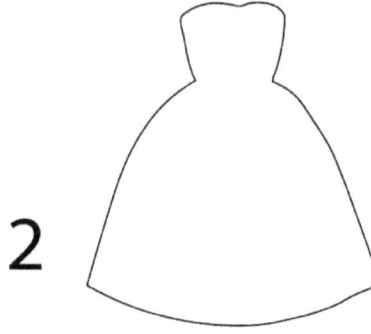

2

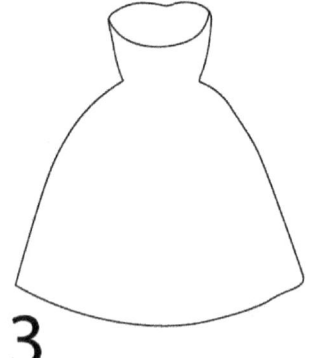

3

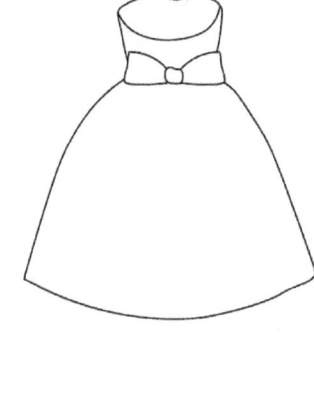

4

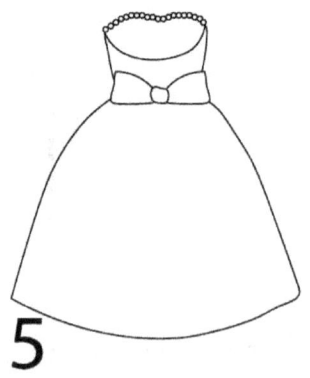

5

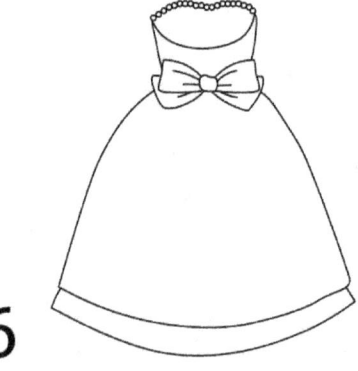

6

Your turn to draw

House

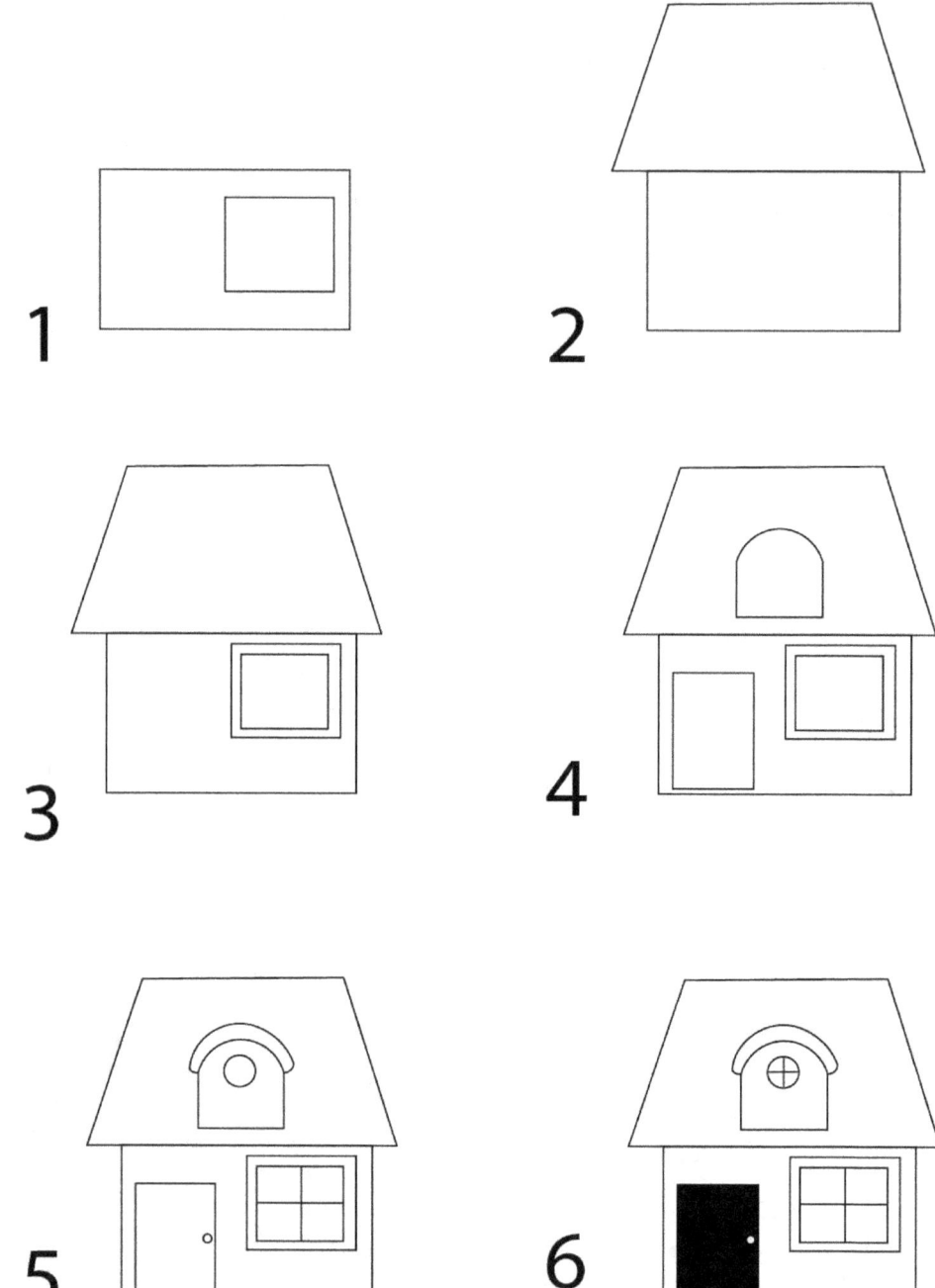

Your turn to draw

Chair

1

2

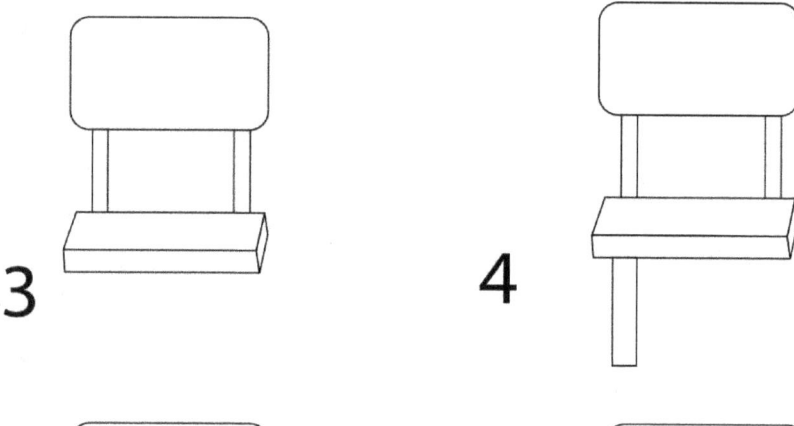

3

4

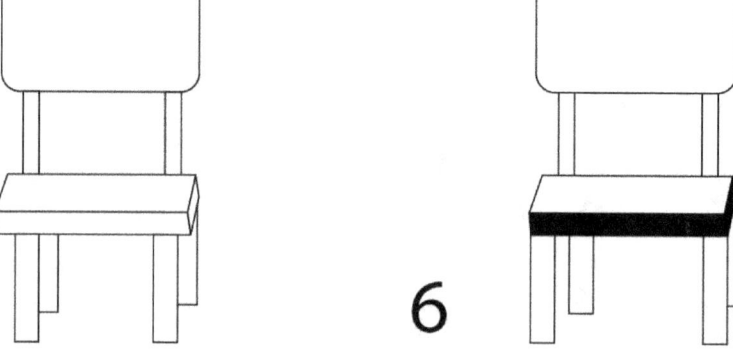

5

6

Your turn to draw

Table

1

2

3

4

5

6

Your turn to draw

Bag

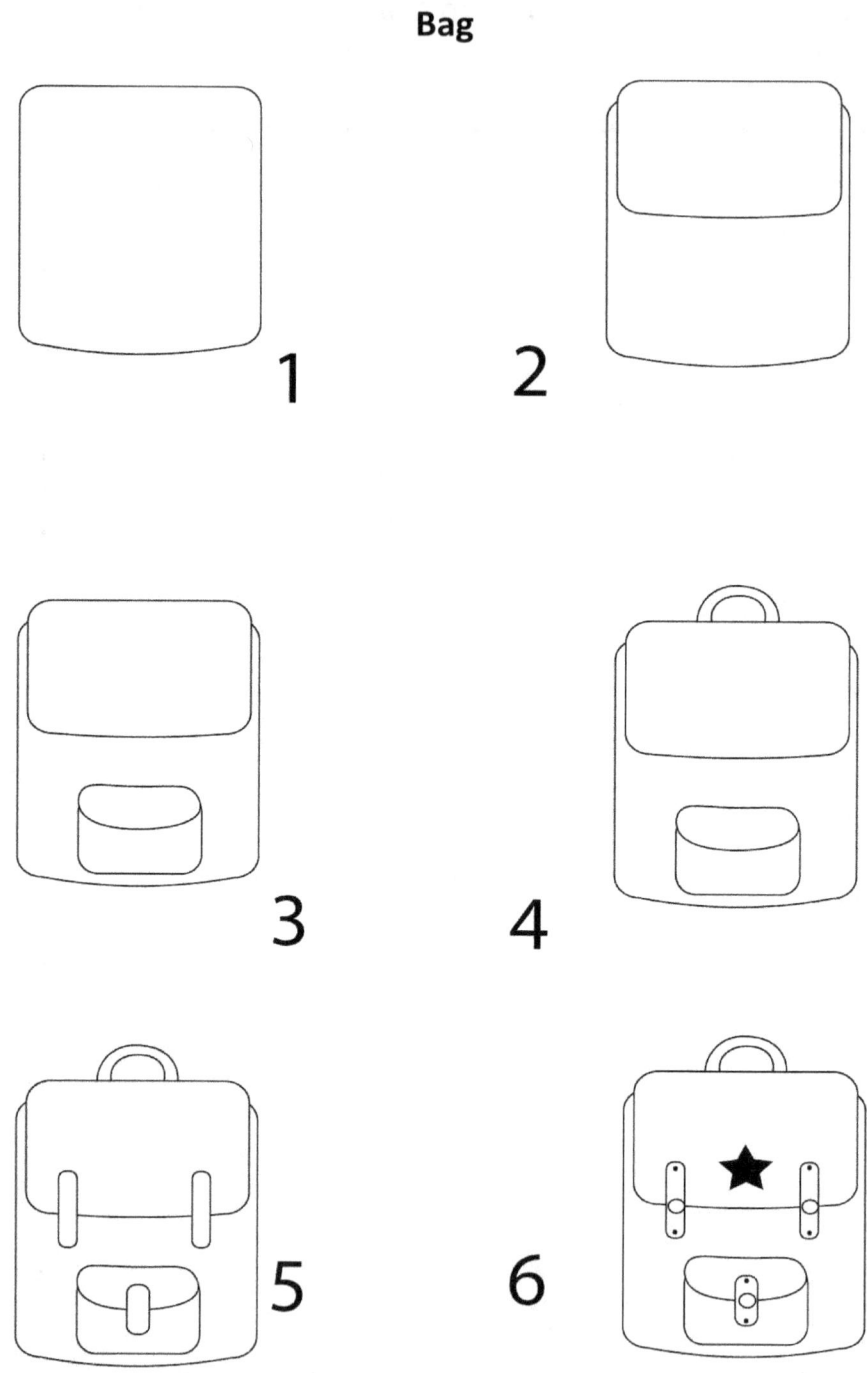

Your turn to draw

Pen

1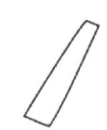

2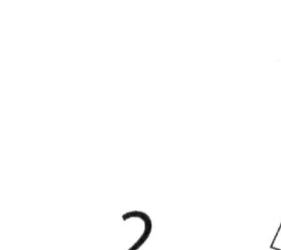

3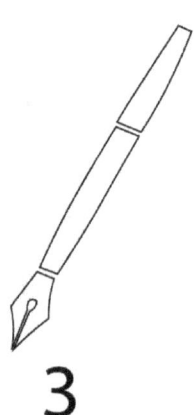

4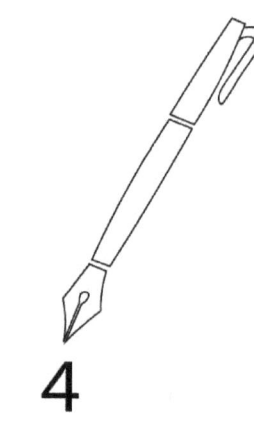

5

6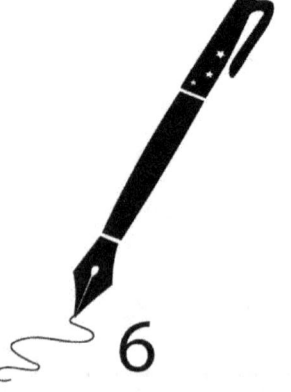

Your turn to draw

Saucepan

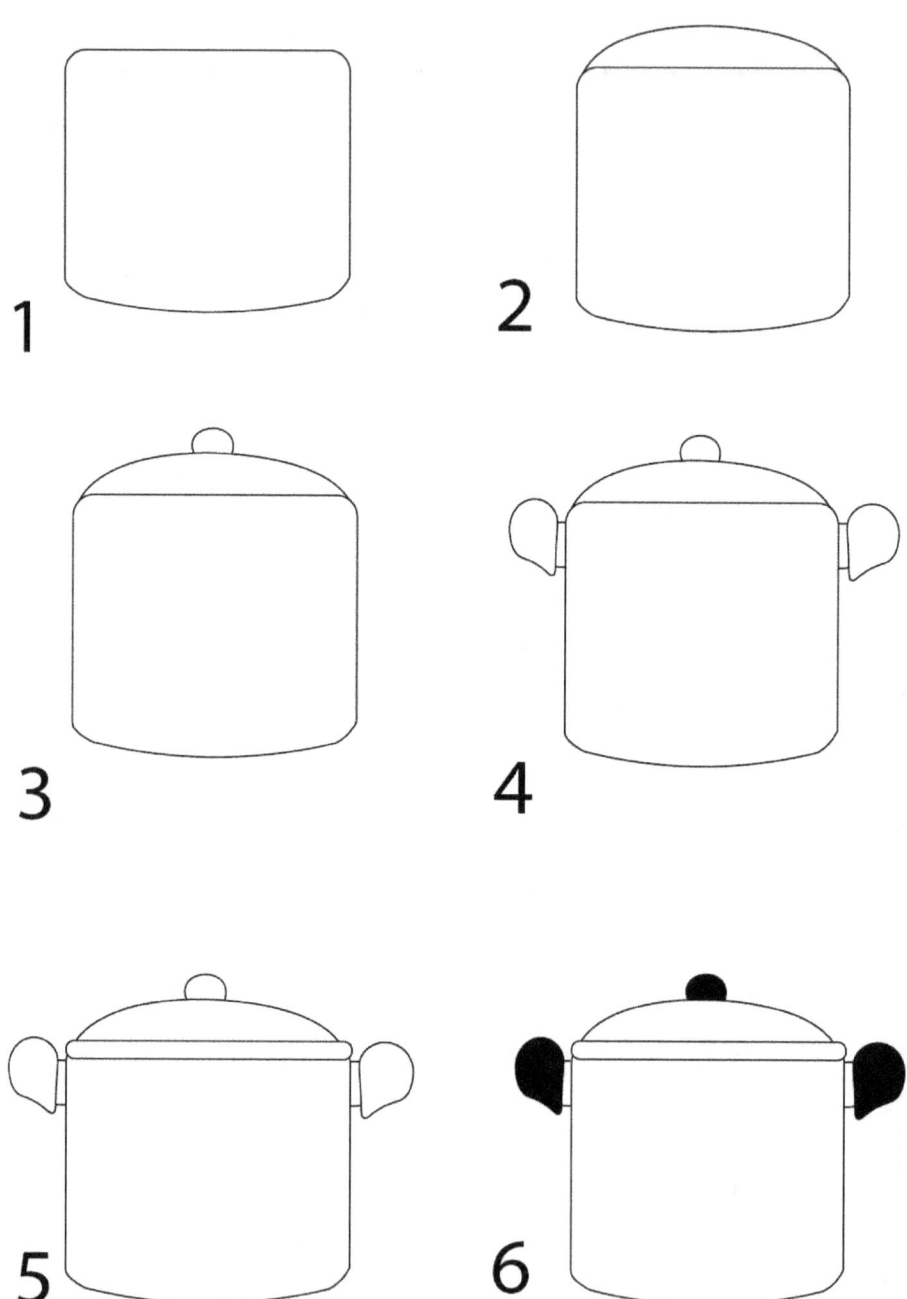

Your turn to draw

www.ingramcontent.com/pod-product-compliance
Lightning Source LLC
Chambersburg PA
CBHW060848220526
45466CB00003B/1292